昭和上班族 月薪一百圆

二战前日本
社会、文化与生活

「月給100円
サラリーマン」
の時代

戦前日本の
〈普通〉の生活

[日]
岩瀬 彰 著
陈柏瑶 译

中国工人出版社

图书在版编目（CIP）数据

昭和上班族 月薪一百圆：二战前日本社会、文化与生活 / (日) 岩濑彰著．—北京：中国工人出版社，2019.12

ISBN 978-7-5008-7327-3

Ⅰ.①昭… Ⅱ.①岩… Ⅲ.①社会生活－历史－研究－日本－时代 Ⅳ.①K313.450.7

中国版本图书馆CIP数据核字（2020）第006796号

著作权合同登记号：图字01-2020-0065

昭和上班族 月薪一百圆：二战前日本社会、文化与生活

出 版 人 王娇萍
责任编辑 邢 璐
责任印制 栾征宇
出版发行 中国工人出版社
地　　址 北京市东城区鼓楼外大街45号　邮编：100120
网　　址 http://www.wp-china.com
电　　话 （010）62005043（总编室）　（010）62005039（印制管理中心）
（010）62004005（万川文化项目组）
发行热线 （010）62005049　（010）62005041　（010）62046646
经　　销 各地书店
印　　制 北京盛通印刷股份有限公司
开　　本 880毫米×1230毫米　1/32
印　　张 7
字　　数 135千字
版　　次 2020年4月第1版　2020年4月第1次印刷
定　　价 46.00元

前　言

本书的主题锁定在“1945 年第二次世界大战结束前日本‘一般人’的生活”。具体来说，就是大企业上班族、军人、女店员的平均所得，那样的收入可以过何种生活；东京的房租是何种的基准，嫁女儿又需花费多少钱，诸如这类的信息。

对第二次世界大战后成长起来的日本人而言，“战前的日本”，像是无法抵达的外国，而我们所能获知的有关战前的信息，也都偏向政治或军事方面。我们的教育仿佛以 1945 年为界，那时的日本是另一个世界。另外，可以让我们了解当时一般人生活样貌的信息，极度贫乏。

我生于昭和三十年①，是彻底的战后一代，每当阅读永井荷风、内田百闲或谷崎润一郎的作品，总在细节处感到困惑，就连向田邦子的作品也有许多不懂之处。因为对于战前社会的生活情况，我竟连基本知识都没有。不知道“百圆”② 相当于现在的多少

① 书中涉及较多的年号纪年与公历纪年对照参见文后附表。——编者注

② 圆，日本货币单位。书中将现在的价格单位标为“日元”，以作区分。——编者注

钱，不知道“毕业甲种商业”是何等程度的学历，不知道何谓“判任官”，不知道“月租20圆的房子”究竟是便宜还是昂贵，不知道“个室”是做什么的地方。为了写作本书，每回阅读收集得来的资料，深感日本的教育从未告诉我们关于战前生活的真实样貌。

对于战前社会，我们仅知道“天皇机关说”这类“应考日本史”的关键字所构成的世界。对于当时社会整体的氛围，以为就是“官能的虚无主义”“特别高等警察”“军国主义”，尽是郁暗灰涩的印象。若是查找图片资料，也仅能看到教科书上那些画质模糊的黑白照片，例如“银座摩登女郎”或“因二二六事件而出动的戒严部队”。一般人过着什么样的生活，根本难以想象，仅流于“应该相当贫困吧”的认知。

取自昭和八年十一月号《妇女界》的《歌咏晨》
画・林唯一，作・北村小松

取自昭和二十六年五月号《king》的《离婚后的妻子》
画・高木清，作・大林清

事实上，正如山本夏彦的名言，所谓的战前社会“若说仅有郁暗，不是错误信息，就是谎言”。其实当时，已建立起从郊区通勤到市中心的上班族模式，杂志也频频刊登工作几年可以升迁的特辑。当时的欧吉桑与现在一样，在银座或新桥喝得烂醉，然后批评年轻人的不是。而那些旷课或考试前才忙着借笔记的大学生，在八十年前即存在，名门贵族中学的考试也依旧火热。虽然当时电视还在测试阶段，若无战争的话，家电时代的来临应该更早。也有“援助交际”或“高利贷”，只是当时的形式略有不同。大多数的人过着与现在无异的生活，比起“爱国”更在乎的是“月薪”，比起“思想”更在乎的是“就业”。

当然，当时社会存在着现在难以想象的贫困或差别歧视，都市与农村、富裕阶层与贫困阶层间的差距异常巨大，社会福利却极度不足。那样的矛盾不断扩张，也成了日本走向战争的最大原因之一，即使到战争结束，也未能促使日本社会革新。

战后，人们企图复兴，当然是回到“平和的战前”，复兴的口号是“回归昭和八年”，那是被认为战前经济最稳定的时期。其实从昭和一桁时期①至昭和三十年代中期左右，日本人的基本生活形态几乎不变。换言之，住在独栋的日本家屋里，房间主要是和室样式，日常购物都到私人经营的蔬果店或鱼店，生活的代步工具则为大众运输。可参考前页昭和八年与昭和二十六年杂志小说的插图，尽管历经战争在内的十八年岁月，令人惊讶的是人物的打扮并无差异。直到昭和四十四年（1969），那样的打扮才从街上消失踪影。

终战之际，在美军的占领下，旧军阀遭到解散，并全面检视天皇制、政治民主化、土地或教育制度。尽管此举令日本社会起了剧烈的变化，但是，若仅观察战后的日常生活，高层公寓、私人汽车的普及或超级市场的出现等，这些高度经济发展所带来的生活变化，更甚于一切。关于这个部分，加藤秀俊或川本三郎等人不断谈论提及，也就是说所谓的战前事物，其实直到近来才逐渐从日本人的生活中褪去。也因为如此，那个时代尾声的昭和三十年代，才会如此令人怀念吧。

即使如此，战前社会与现在，不可否定地依然被视为没有接续性的“另一个世界”。一旦被归类为“另一个世界”，就只能任凭想象，于是就有诸如“战前的人们坚毅不拔”或“以前的学生认真严肃面对人生”的想法，我们就只能被迫接受这些无凭据且

① 出生于昭和元年十二月二十五日至昭和九年年底的人。——译者注

流于感性的说词。为避免那样，除了搜集大量的资料，别无他法（文中的引用，基于方便阅读已改为现代的语句。人名皆省略敬称）。我希望这本书能成为昭和一桁世界的导览书，既是导览书，该如何活用，则完全在于读者的判断。

目 录

第一章

关于金钱——基准是“月薪百圆”

小泉癸巳男的《昭和大东京百图绘》中的第一百景“兜町的证交所”
（昭和十二年作品，摘自讲谈社的《版画　东京百景》）

1　物价是现今的两千分之一

通货紧缩后的物价安定期

所谓的“战前”，让人难以想象理解的最大理由，就是与现在价值比较的尺度不一。从近来出版的有关日本战前的书籍来看，在比较各种物价上，多半以“换做现在价格约是当时的两千倍”带过，当然其中也出现了“五千倍”或“一万倍”的数字。或是提及“大额1圆”“10钱铜板”，常让人弄不清楚约值现在的多少金额。战后的经济高速发展，促使每户家庭的收入大幅提升，不过地价等项目也出现异常攀升的情况，因而导致混乱的局面。

关于战前的货币价值，日本总理府统计局在昭和二十八年制作了战前基准物价指数（昭和九至十一年之平均），以此比较现在，逐渐成为惯例，本书也采用该数据。昭和九至十一年期间，正是昭和一桁前期的通货紧缩结束后，准备投入爆发后的战时经济前夕，也是战前经济最稳定的时期。

根据该指数，战前的东京零售物价指数，在昭和十一年显示为1.04。第一次世界大战后，受短暂经济复苏影响的大正十一年则是1.5，比昭和九至十一年的平均指数高出五成。不过在昭和初期，也就是通货紧缩的昭和二年下降到1.23，昭和五年的1.01则与昭和九至十一年的平均指数不相上下。最不景气的昭和六年，下降到0.88，但昭和七年到昭和十年逐渐回升，初期的昭和十二年以后更是急速攀升。（矢野恒太《从数字看日本的百年》）

另一方面，2015年（平成二十七）的东京都区部物价指数，整体来说是战前基准的约一千八百倍，其中食物或服装达两千倍左右。考虑到近来物价的平稳，再与昭和初期约十年间的物价相较起来，“约两千倍”的确是个可使用的测量准则。因此，或许专家们有不同的意见，在本书列出的昭和初年之种种价格，皆用两千倍换算为现在的价格。

举例来说，昭和初年的鳗鱼饭约60钱，换算为现在价格为1200日元，天妇罗丼30～40钱则是600～800日元，年糕红豆汤15钱为300日元。看来似乎与现在毫无差异。10钱的冷荞麦面或一杯咖啡，相当于现在的200日元。现在，无座位店铺的冷荞麦面也是200～300日元。至于咖啡价格，约相当于现在快餐店的咖啡。当时的餐厅推出了1圆的定食套餐，换算今日等于花费2000日元吃一顿午餐，的确有些昂贵。不过昭和五年的铁路便当，从35钱降价为30钱，若是今日，就像是受通货紧缩的影响，导致700日元的便当降价为600日元的感觉吧。

一瓶大罐装啤酒约35钱，若换算两千倍则是700日元，不如现在便宜。根据战后活跃于广播节目的作家玉川一郎的说法，昭和初期麒麟啤酒与惠比寿啤酒在银座四丁目各自拥有啤酒餐厅，当时小杯装25钱，大杯装是45钱。上等的1升（现在的1.8升）

清酒是2圆左右，中等的1圆50钱，一般的1圆，由此看来，当时啤酒算是高价饮料。然而，市面上还是有29钱低价的“oraga啤酒”或是“无印啤酒”。所谓的“无印啤酒”，是商人专门收购工厂出货阶段时瓶子或瓶盖有破损的制品，改以无商标低价20钱以下价格销售到平价酒馆等。

昭和四年三得利（Suntory）首推出日本国产威士忌，要价4圆50钱，以现今的价格近乎1万日元，等同于目前的高级威士忌“山崎”。不过，最不景气之际，仍有10钱即能喝到的“10钱摊贩酒吧”的掺水酒等。昭和七年推出的香烟“响”，一盒10钱，相当于现在的200日元。

东京市电车的票价是7钱，约为现在的140日元，比现在的东京都巴士还贵些。昭和二年行驶于浅草至上野，或昭和九年行驶于上野至新桥的地下铁银座线，全线车资是10钱，约合现在的200日元，而现在东京地下铁（营团地下铁）进站即索价170日元。当时新桥至浅草需200日元车资，算是合理吗？另外，明信片是1钱5厘，约30日元。

关于出租车，大正时代末期出现了最早的“圆计”，由于东京市内一律1圆，故有此称呼。昭和五年以后的通货紧缩期，又衍生出仅需50钱的“半圆计”，而且还能讨价还价降至30钱。昭和七年，东京市是尚未将郊区纳入的十五区，范围约是现在的山手线内，从上野搭乘出租车至新桥，或从神田至四谷皆是1圆，与现在相同，皆是2000日元。若论及杀价后的30钱车资，则与现在的起步车资730日元不相上下。不过，当时依据距离或搭乘

在东京市内等待客人的圆计（昭和十一年）

人数，仍有议价的空间，像是下大雪或遭遇二二六事件[①]等异常局势时，司机仗着路况混乱，甚至会索价1圆以上。昭和七年以后，随着经济复苏，恢复到市内最低50钱、最高1圆的车资，几乎搭不到仅需30钱车资的出租车了。

当时《改造》《文艺春秋》等综合杂志，多定价为50钱，参考现在900日元左右的《文艺春秋》，似乎也颇合理。大正十五年，改造社出版发行《现代日本文学全集》，定价1圆，于是掀起

① 又名“帝都不祥事件”，“皇道派”的日本陆军企图叛乱，效法“明治维新”，欲引发“昭和维新”，结果失败。但此举促成日本的法西斯主义发展，迫使日本走向第二次世界大战。——译者注

了“圆本”的风潮，以现在的价格换算，一本文学全集索价2000日元，其实并不便宜啊。不过，在“圆本”出现以前，文学书的市场规模本来就不算大，一本文学书的价格颇为昂贵，无论是芥川龙之介或森鸥外等有名作家，若分别买下其主要著作，总要花费不少钱。如今把各作家的主要作品纳为一册，而且仅要1圆，也是“圆本”畅销的主要原因。因此，遂使得永井荷风或谷崎润一郎等热门作家，拥有极高的版税收入。

说到电影院门票，以高级帝国剧场等为例，从最好的座位依序分为三个等级，分别是2圆、1圆、50钱的票价，中等的票价相当于现在的首映电影票价。浅草附近的电影院，门票更为便宜。另外，订阅一个月的报纸是1圆，也就是现在的2000日元，现在则需3000~4000日元。

搭上圆本热潮的书店

暴涨的住宅与教育费

昭和六年，银座四丁目十字路口附近的地价，1坪是6000圆。2016年，银座四丁目的公告地价，一平方米相当于4千万日元，等于1坪约1.3亿日元，暴涨两万倍以上。昭和六年的6000圆，相当于帝大校长等级的年收入。现在的东大校长，年薪约2350万日元。打从战前，银座的地价就偏高，经常涨到郊外地价的一万倍以上。有关住宅的部分，第二章还会详述，不过东京都的房租平均每月十多圆，然而这样的租金只能租到拥有六张榻榻米与四张榻榻米大小的二房租屋，支付30～40圆的月租，才可能入住两层楼的独栋房子。40圆，相当于现在的8万日元，以东京都内为例，现在8万日元的房租大约只能租到套房或一厨一房的木造公寓。

大正末期至昭和二年左右，早稻田、庆应大学的学费每年约120～160圆。而2017年，庆应大学的文学部科系，每年的学费是110万～130万日元，早稻田则是100万～120万日元。若以120圆为准，乘以两千倍则是24万日元，即使考虑到教职员的薪资提升或校内设施的完善，这样的涨幅仍十分惊人。吉行淳之介在昭和五十六年（1981）发行的《价格的明治、大正、昭和风俗史》中，记录了早稻田、庆应的一年学费约是初任职教授薪水的二倍，换言之现在的学费是初任职教授薪水的五倍。

在汽车方面，以福特或通用汽车的进口车为主，根据昭和四年十月日本通用汽车刊登的报纸广告，庞帝克（Pontiac）的五人乘坐轿车定价 3598 圆。日本福特汽车的广告，一辆轿车则是 2450 圆。换算今日金额，约为 500 万～700 万日元，就汽车的价格来说，相当高价。因此在当时，不是一般家庭买得起的商品。昭和八年，日产汽车生产销售的达特桑（Datsun）比起进口车更为便宜，1350 圆即能拥有，因而大受欢迎，不过这个价格仍比一般人的平均年收入还高。

山田正吾的《家电今昔物语》提到，电风扇与收音机在昭和一桁时期相当普及，至于电冰箱几乎是来自通用电气公司等的进口制品，一台要价 600～800 圆。昭和十二年，根据通用电气在日本的调查显示，日本全国仅有约 1.2 万台电冰箱，可见尚未普及。洗衣机也是自昭和五年才逐渐国产化，当时日本全国只有 3200 台。

自用车的维修费或手机费等，是现在家庭收支中必须考量的支出，然而在当时根本不存在，一般家庭的收支相当简单。受过中等教育以上者在当时仍属于少数阶层，不同于高中毕业后多数人选择上大学的这个时代，因为当时教育费的负担与现在截然不同。当时租屋的家庭仍属多数，基本上也无买屋贷款。使用的家电制品仅限收音机或电热器等，电费也便宜。除了都市中心，人们多靠着木柴或煤炭烹煮或烧水。

因此，家事非常辛苦，家庭主妇整日不停地劳动工作。纵使拥有电视机，一般家庭或许也无暇收看。另一方面，每月 10 圆即可雇到“女佣”，协助处理家务等，但须负担其吃住，费用相当于现在的 2 万日元。

1990 年以后出版的著作，如内容涉及战前的物价，多以两千倍论为主。半藤一利的《永井荷风的昭和》，内容提及策动军事政变的阴谋费 5 万圆，书中即以两千倍换算为现在的 1 亿日元。1995 年改版的新潮文库版《细雪》，细江光的注解也使用了两千倍。立花隆在论及圆本的文章里，也采用两千倍的算法。

不过，战后经济高速发展的结果，实质所得的提升，连带也造成物价节节攀升，在与收入相较之下，也出现以五千倍换算的案例。像是政治学家北冈伸一在《从政党到军部》中，采用了五千倍论。以此，当时基准月薪的 100 圆，相当于现在的 50 万日元。根据 2015 年日本总务省的劳工家庭收支调查，一户平均月收入约 52.5 万日元（平均一户 3.39 人，户长平均年龄 48.8 岁），可以说相当符合。

大体来说，物价上涨了两千倍，收入提升了五千倍，日本人的生活可以说是变得更富裕了。

2 “上班族”的诞生

奠定上班族的生活模式

想必各位已经理解与昭和一桁这个“外国”的通货换算了。接下来要说明的是，“上班族”的价值观如何从那个时代根植日本社会。属于战后世代的我们，尽管深受以“不景气”“镇压左翼”“猎奇文化”主轴所衍生的“昭和一桁”观的影响，但那个时代当然不仅止于此。由于高等教育机构的激增，原本带有强烈精英色彩的“上班族”，在明治大正时期开始彻底“大众化”。

昭和一桁的日本，整体来说尚属农业国，就社会设施或高等教育方面而言，正处于即将脱离发展中国家的阶段。当时日本国内生产总值（GDP）是美国的七分之一左右，世界贸易的占有率仅为3%。(桥本寿朗《现代日本经济史》)

昭和五年的日本人口约6400万人，是现在的半数左右，就业总人数的2009万人中，从事农业的人口数是1370万人，换言之，现在不到5%的第一产业人口比例在当时高达50%，而第二产业有20%，如今整体高居60%的第三产业则不到30%。即使是急速发展的制造业也仅占整体的16%，即是470万人；服务产业占8%，仅有248万人。关于这部分，之后还会详述，不过当时大部分的日本国民小学毕业后，即务农或到商店、工厂工作。至于在都市方面，大量就业人口从郊外的自宅通勤到东京或大阪市中心的办公室工作，此模式从当时已完全根深蒂固，直到今日。

大正末期至昭和初年，现在的东急各线或小田急等私铁各线相继开通，随着总武线、横须贺线等都市近郊线路的电气化，沿线的住宅开发炽热，甚至出现了“都市间竞争”的新词汇。较大的车站旁出现了百货公司，住宅供给量增加，房租也更便宜。在教育方面，因大正时期的学制改革，诸多私立大学被认可为正式的大学，被视为上班族来源的大学、职业学校，毕业生人数急速增加。新闻媒体盛行谈论“上班族论”，又如小津安二郎的《我出生了，但……》《东京合唱》，电影里也开始频频出现上班族的角色。

当时的上班族到底总数是多少，其实是难以回答的问题，昭和四年小池四郎的《月薪生活者论》，将公务员、民间企业职员、医师等专职人员一并计入，推测约有170万~200万人。依此数据，约占就业人口的不到7%，等于是10%以下。这些人不同于明治大正时期那些从大学毕业进入企业工作的精英阶层，彼时开始，他们逐渐形成人口中的“庞大集团”却也是不争的事实。

尽管上班族也称为白领阶层，直到大正时代，主要还是称为“月薪生活者”或“领月薪的”“腰便”（明治时代，笑称那些在和服腰带上系挂便当出勤的官员）的藐称也横行一时，不过统一称为“上班族”约是昭和初年时。

《上班族物语》的警告

昭和三年出版的前田一的《上班族物语》，即是描绘日益“大众化”的上班族名著。前田一毕业于东大法学部，大正十年任职于三井集团的名门企业“北海道炭矿汽船”。历经劳务，战后更以日经连专务理事的身份与日本劳动工会总评议会的太田勋议长交手，因而备受瞩目。然而在战前，他可是知名的上班族作家。由于此书出版前夕的昭和二年日本陷入金融恐慌，而日内瓦裁军谈判会议（Conference on Disarmament）也是在这一年发生。

昭和三年二月日本举行了第一次普选，包含“三一五事件”在内，这些重大事件都未能来得及写入书中。整本书，都是与上班族相关的收入或生活。

前田一这样描述上班族：

若要探究，说穿了就是“西装”“月薪”“生活”之类的，总是如走马灯般流于循环因果关系里，总而言之，指的就是所谓“中产阶级”，那些被埋入巨大范畴的集团。

在艰苦中还是尽力保留体面等，（中略）到了今日当然不见腰际悬挂便当的“腰便”。取而代之的是，把玩在夜市购买的手杖，身着不合身的吊脖子（意指廉价的成衣西装，因为其悬挂在卖场的模样，因而得此名）与格纹裤，令人费解的高薪只能说是意外的幸运，惹得旁人又羡慕又忌妒。

尽管有人无礼地取笑说：“做三天的乞丐与“腰便”，从此就脱不了身。”所谓的“腰便”，真的是捞尽好处吗？若这么看来，上班族的工作肯定是轻松挣钱的工作。纵使还是必须通勤到办公室，早上九点至下午四点的工作时间，说是工作却根本不流一滴汗，穿着体面，看着笔尖，只要按照指示完成一天的业务，竟还有周日假期可以舒展筋骨。如果遇上连续两日的休假，家人朋友结伴或是娱乐，或是看戏，或是郊外散步，总是一派轻松自若，那样到了月底，就能拿到薪水，中元节或其他节日又还有奖金。等时机到了，或许还有升迁，如此看来怎能叫人不恨得牙痒痒。

但是，上班族真的如此令人欣羡吗？前田一如此说道：

他们是如何艰难才能突破就职的难关，而且靠着仅有的月薪与奖金才能勉强度日，如此苦肉之计，为的不过是打牢生活的基础。不惜在职场被玩弄、践踏尊严与骄傲，为的不过是喂饱家中的妻小……

身为“腰便”的自己，终究也感觉到悲哀吧，今日就连要成为“腰便”，也必须舔舐深刻的苦痛。（中略）家乡的亲人们卖了田地、卖了山林，不惜投注仅有的动产或不动产，好不容易栽培子弟从学校毕业，以为就此他会变成伟人，届时投入的资本就会数倍、数十倍回来了，无论现在或过去他们一直怀抱着这样的美梦。（中略）对于那些自始至终相信自己的子弟从大学毕业后，就能立刻变成县知事或三井、三菱重要干部的家乡父老来说，听闻子弟沦为诸如电车车掌、警政署的警察，恐怕要震惊得休克倒地吧。

前田一的文章里，刻意引用了当时算是过时的词汇“腰便”，以充满讽刺的口吻描述上班族的人生。行文间流露出上班族再怎么装模作样，终究不是社会精英的意思。身为企业劳务的专业代表，他实在忍不住针对那些已与现实脱节的“乡亲父老”提出警告，别再怀着明治时期那种以为白领阶层等于"出人头地"的不切实际的幻想。

"不符合经济效益的上班族"

就社会现象来说，当时的经济环境，仿佛泡沫经济崩坏后的二十世纪九十年代以后。大正时期的"泡沫景气"崩坏后，始终处于难以恢复的阶段。政府诉诸"构造改革"，但高失业率与毕业生找不到工作的现象依旧不变。尽管如此，大家仍宁愿进入大企业，也不愿屈就其他工作。昔日如同今日，或是应该这么说，进入大企业工作之意向，在当时已经变成一种人生方向。

前田一的《上班族物语》出版后约十年，昭和十一年八月号的《实业之日本》刊登了王子制纸社长藤原银次郎写的《不力争上游的上班族》一文。藤原创立了庆应大学理工学部前身的藤原工业大学，战前是知名的"经营之神"。该文中，他追溯时代历史，以更清楚明白的方式解释直至昭和一桁，日本人的大企业就业趋势是如何形成的。

首先，他提到明治时期。

> 甲午战争后是日本产业勃兴的时代，尽管各种崭新事业不断崛起，但受过必要新式教育的人才极少。（中略）因为是那样的时代、那样的氛围，从学校毕业的新知识分子几乎都能进入银行、企业就职，而且随即有出人头地的机会。

在明治时代毕业于庆应义塾，而后进入三井银行工作的藤原，描述的就是他本人年轻时的社会样貌。当时三井财团在福泽谕吉的外甥中上川彦次郎的改革下，大胆采用年轻人。藤原二十八岁时，即被提拔成为拥有千人员工工厂的负责人。所以，前田一所说的“大学毕业后即担任三井重要干部”，的确是事实。

接着是大正时期。

> 随着欧洲大战的爆发，使得此趋势日益加剧，大学、职业学校毕业生的需求如旭日东升，不断攀升。造成需求与供给的不对等，各公司企业大量采用毕业新生，只要拿得出毕业证书，几乎都能找到工作而一步登天。

第一次世界大战期间，欧美先进国家几乎都投入战争，没想到竟因此让“工业国”中敬陪末座的日本涌入大量造船等订单，瞬间带动“大战景气”。日本证券业界盛行“远方传来战争即可下单”的说法，即是始自于当时，而经济景气所带来的恩惠也波及了这些毕业新生。

> 因此，日本所有的青少年，无论是谁都想接受高等教育，志在进入大学、职业学校，只要握有那毕业证书，任谁都能进入公司企业领月薪。此形成一大风潮，说到出人头地，立刻联想的就是白领阶层，于是公立私立大学、职业学校陆续增设，为此反而招致大家抢破头的时代来临。

此现象，与现代的泡沫经济有着异曲同工之处。

然而，来到昭和年代。

迎接而来的是大战后的世界大反动。（中略）日本在持续的通货膨胀下，终于遭遇急转直下的悲惨命运，加上井上财政强化政策，不得不走到极度萎缩的地步。因此，不仅是一般劳工，甚至是企业银行的职员，都面临被大量解雇裁员的境地，采用新进员工变得遥遥无期。街头巷尾充斥着失业的高级知识分子，影响生活层面乃至思想，因而导致社会笼罩着巨大的不安感。

所谓的井上财政，是滨口雄幸内阁的井上准之助财政大臣所推动的紧缩财政路线。“昭和一桁”的不景气印象，即是从此时开始。当时被大量生产的白领阶层，顿时变得过剩。

推动通货再膨胀与日币贬值政策的高桥是清财政大臣，自昭和七年开始带领日本走向经济复苏，但藤原银次郎认为就雇用方面而言，不过是“无雇用的景气复苏”。

尽管多少缓和了高级知识分子的失业，然而未就业者依然占多数，而且加上年年几万几千的毕业新生，人数不断增加。就业难更加剧，就业战的激烈化一年尤甚一年。以我的公司为例，若一年录取二十名或三十名新进员工，相对的，提出履历的应征者必然超过五六百名，所以大三才开始就业准备，已经太迟了，越来越多人打从大一、大二就奔走活跃于未来的就业市场。

藤原说道：

然而我身为银行职员的时代，与现在的状态全然不同。当时，所谓的银行职员已经是顶尖的社会阶层。时至今日，即使付出比当时多出十倍乃至二十倍的努力，身为上班族的一分子，甚至难以回收当时十分之一、二十分之一的成就。因此，上班族这个行业，其实已经变成经济效应差、不符合时代潮流的工作。

就明治时代进入社会职场的精英看来，的确如此。然而，人们还是期望成为收入稳定的上班族。究竟昭和一桁的上班族的实际月薪是多少，以及过着什么样的生活，接下来就从各方面来观察讨论。

3　“月薪百圆”的生活

50钱的乘兴而来败兴而归

战前，“月薪百圆”或“年薪1200圆”逐渐成为收入的基准之一。大正末期至昭和十年，无论是知识分子的发言或报刊的专栏，频频出现的收入也以此为基准。这在过去几乎是人人皆知的，但如今却不再是常识。若单纯以物价上升为考量，相当于现在月薪约20万日元，年薪不到240万日元，在当时，此薪资还算生活过得去。

昭和初期，市面流通的纸币依序是 10 钱、20 钱、50 钱、1 圆、2 圆、5 圆、10 圆、20 圆、50 圆，最高面额是 100 圆（昭和二年金融恐慌之际，曾仓促印制了背面无印刷的 200 圆纸钞，后来随即回收了）。硬币从小单位说起，依序是铜制的 1 钱铜币，5 钱与 10 钱的白铜币，50 钱的银币。大正十一年发行的“面对面的凤凰”的 50 钱银币，由于边缘呈锯齿状，又称“锯齿”，成为日常生活中最常见的钱币。

当时的川柳[①]如此描述，“给那任性的小孩 1 钱，她就心甘情愿”或“口袋里有 1 钱的小孩就自以为是”，比喻 1 钱是“骗骗小孩”的等级。是啊，毕竟相当于现在的 20 日元而已。5 钱是“针线盒里的 5 钱，只有小孩看得到”，比喻这个金额对孩子来说是莫大的金额，相当于现在的 100 日元。

50 钱即相当于现在的 1000 日元，所以“到豆腐店花 50 钱摆出女人的阔气”或“50 钱的乘兴而来败兴而归”，说明了这还算是可观的金额。再看以“圆”为单位的钱币，“背着孩子的女人通常只带 3 圆”或“母亲手里的 2 圆千方百计攒着不花”，看来当时主妇的钱包里约带着现在币额的 5000 日元左右。若是百圆，“那些嚣张跋扈的家伙仿佛有塞着百圆的钱包”，百圆相当于月薪的金额，换言之就算放在钱包里也自满得要命。1 万圆就如同财产、资产，因此“有了 1 万圆，亲戚就忙着来借钱”。（这些川柳

① 类似俳句。——译者注

皆取自阿达义雄的《昭和货币物价史》）

家庭收支调查的起始

日本政府实施正规的都市有薪家庭收支调查，始于大正十五年至昭和二年，仅一年的时间（大正天皇于十二月二十五日驾崩，所以七天后即是昭和元年）。当时每户平均约 4.2 人，户长平均月收入 93 圆 19 钱，包含家庭的收入或房租收入等，合计每户平均收入为 113 圆 62 钱，年收入 1260 圆。换算为今日金额，则为 270 万日元左右。根据 2015 年家庭收支统计，有薪家庭平均每户的月收入约 52.5 万日元，由于包含了临时收入、奖金，年收入达 630 万日元。依单纯计算，现在的所得水平是当时的 2.3 倍以上。

当时政府正式开始施行家庭收支调查的理由是，世界主要的国家中唯独日本尚未公布生活费指数，另外也为了制定出最低薪资。

由于战前金融界的反对，除了海运等特殊行业已取得劳资双方的共识，直到战时，其实仍未设下最低薪资标准。在劳工阶层的强烈要求下，终于制定最低薪资为 75 圆。

昭和六年以后，每年实施家庭收支调查，昭和六年每户平均月收入是 86 圆 47 钱。比起大正五年下降了 24%，直到昭和十三年，才恢复到百圆，隔年又回归到与大正十五年略同的 115 圆 42 钱。（东洋经济新报社《昭和国势总览》）

此数据显示了昭和初年的不景气与严重的通货紧缩，也是劳动工作者的平均所得。白领阶层的平均所得要略高些，昭和六年的月收入超过 92 圆。大体来说，“月薪百圆”“年薪 1200 圆”的实际情况仍持续着。

当时，无论是政府机关或民间企业，年终奖金甚至达到两至四个月薪资，因此由统计数据看来，尽管平均每户户长的实际收入下降了 10 圆左右，可是仍能弥补每月存款上的缺口。一如现在多数的上班族家庭，年终奖金的确仍填补着每月的生活费。所以实际月薪平均 80 ~ 90 圆，但纳入奖金或副业收入，仍可以达到“月薪百圆”。现在少见的“双亲的金源资助”“家乡田地的租金收入”“礼品”，在战前都算是收入来源，这些收入被纳入“其他收入”中。

减俸的标准也是“月薪百圆以上”

昭和四年秋天，民政党的滨口雄幸内阁主张把公务员减俸纳入“构造改革”的一环，因而引发大震荡，然而当时的减俸标准仍设在“月俸百圆以上”，年俸 1200 圆。推行减俸方案的井上准之助藏相表示：“所谓年俸 1200 圆以上的标准，并无其他特别的理由，不过是自然而然地把所谓的百圆当作衡量生活的标准。”

然而在司法官等官员强烈的反对下，减俸方案遭到驳回，昭和六年日本政府再度提出减俸，终于成功实施。在昭和六年六月号的《改革》中，匿名作家相良利满①如此写道：

① 其汉字发音即是日语的上班族。——译者注

仗着反对减俸而气势高涨的递信局官吏们

尽管政府宣称，针对年收入1200圆以下者，不施以减俸，但官吏的反弹声浪依旧不减。由此不难看出，身为官吏的诸位，大多数年收入肯定超过1200圆。今日的日本，年薪达1200圆以上的这些人，只不过被要求减少些许的收入，他们就不惜罢驶铁道，不惜造成日本为数最多且年薪不到1200圆的人们生活上的不便，而应维护大众权益的报纸，乃至应为无产阶级存在的无产党，皆未发表任何声明，也未提出抗议，实在是历代以来最诡异之事。（中略）现今多数的上班族，那些最为操劳、最卖命工作的大多数上班族，年薪其实都不到1200圆。（《上班族的哲学》）

在昭和六年四月十五日号的《实业之日本》中，早稻田大学教授帆足理一郎推测，假设全日本国民所得约 120 亿圆，那么当时 1500 万户的平均年薪仅约 800 圆。

> 纵使年薪平均 800 圆，以上之收入者人数，以及以下之收入者人数，当然不尽相同，同时毫无疑问，以下之收入者仍占多数。如此说来，年收入达千圆或以上者，难道不该视为少数且尽享社会资源之阶层。（中略）若达到理想生活的薪资基准是年收入 2000 圆，而现实一般日本人的平均收入为 800 圆左右，就事实而言，既然依此作为平均的生活水平，难道不应该也试图达到生活的合理化吗？（《针对年薪千圆或以上者，应合理化其生活吗》）

从帆足理一郎的文章中可看出，在当时，年薪千圆或以上也是一种基准。

昭和七年十二月号的《文艺春秋》，以“现代思想调查，上班族如何考量?”为题进行问卷调查，并提供了 53 位受访者的平均收入。受访者的平均年龄是 31. 6 岁，平均月薪约 82 圆，不过此数据已经把月薪 500 圆的律师与月薪 200 圆的企业社长摒除在外。在学历方面，职业学校以上有 44 人，初中毕业有 6 人，在当时都属于高学历者。此数据，也颇符合昭和七年日本内阁所做的家庭收支调查中户长平均收入为 82 圆 31 钱的情况。在问卷中，受访者们表示如果年终奖金平均约 142 圆，而中元奖金也相同时，三十岁时就能达到平均月薪百圆。

从经济复苏到百圆上班族的消灭

事实上，从那时候开始，再加上战争爆发后的军需高涨，高桥是清采取的积极财政政策与日币贬值等通货再膨胀策略，让大正末期持续低迷的日本经济逐渐回归轨道。所以自昭和八年左右，“上班族论”也呈现明朗氛围。

昭和九年六月一日号的《实业之日本》，召集当时的上班族作家泰丰吉、辰野九紫以及书写赚钱术畅销书而知名的谷孙六等人，举办了“上班族成功新战术兼生活安定法座谈会”。类似现在报刊常见的特别企划，毕竟读者群就是上班族，无论是哪个时代，都是受欢迎的话题。

座谈会的参与者针对百圆月薪的基准提出以下的看法，例如：“百圆的预算未免太过充裕，其实百圆以下也是能结婚吃饭的！”“即使 70 圆，也是要活下去啊！”“除了月薪，奖金也一定要算进去啊，就算只拿 75 圆的月薪，平均下来也能达到百圆！”不过，一旦月薪达到百圆以上，相对的交际应酬也增多，家人也会要求丰富菜色、摆出阔气，所以大家认为“借贷反而增加”，“最后如同减薪”。

同年十二月号的《妇人之友》，邀请在内阁统计局家庭收支调查部门的森数树，进行严肃的家庭收支座谈会（“生活费座谈会”）。席间，森数树表示，昭和六年以来每年所进行的家庭收支调查，其实是基于大正时代以来米价暴涨暴跌所引发的社会不安，其最大的目的是为了收集制定米价最低最高基准时的参考资料，尤其是“就月薪百圆以下的家庭，研究如何让米价不至于造成他们收支上的负担”。战前的家庭收支中，食费比例即占去生活开支的 30%，而且主食稻米又占据其半数以上。

昭和七年左右，经济开始复苏，昭和九年通货膨胀的疑虑增加，不过统计局的森数树从家庭收支调查中发现：“整体而言，月薪仍保持在 200 圆以下，并以百圆上下为主。”而《妇人之友》的读者群也表示：“月薪 100 圆～200 圆的家庭居多数。”看来月薪百圆阶层属于中间阶层。

三年后的昭和十二年，中日战争全面爆发，通货膨胀急速挺进，尽管如此“月薪百圆”的价值观依旧稳固。第二次世界大战前夕的昭和十五年四月，《文艺春秋》刊载了原田闲三的《百圆上班族的生活论》。原田闲三推算，若要维持与昭和七、八年当时家庭收支调查的平均值 84 圆左右收入一样的生活水平，到了昭和十二年应该月薪达 95 圆以上，昭和十四年则应近 123 圆。换言之，战争爆发以来的两年半时间，上升率约达 30%，也就是必须提高 27 圆。根据昭和十五年的家庭收支调查显示，实际收入的确到了 190 圆，也因而得以应付物价上涨的现状。

但是，昭和十一年开始出现临时利息税等以响应战时体制的缴税名目。原田闲三认为：“假设月薪百圆、奖金达三个月薪资的上班族，该年年收入为 1800 圆，但扣除基本开支则下降至 600 圆，然后还要扣除 6% 的税金。若是单身，税金达 72 圆，若要扶养妻子与一个小孩，则要缴 36 圆的税金。”他认为这根本是高额税金。持续至今的源泉征收税制①也是源于当时，同时也让战前持续以来的低所得税在昭和十五年画下句点。此后的战争，惨痛打击日本经济，战后的通货膨胀，促使百圆月薪基准崩解。而原田闲三所写的《百圆上班族的生活论》，宛如“百圆阶级上班族”的挽歌。

月薪百圆依旧是实际月收入

所谓的年薪1200圆，其实蕴含着另一重大意义。因为大正十五年的税制改革，缴税最低标准从900圆提高到1200圆。战前的税制以间接税为主，个人所得税的免税率高，税率也较低。昭和一桁当时，年薪1200圆以上或以下，不仅显示出生活水平，同时也是社会地位的指标。昭和四年，经济学家土方成美如此写道：

> 纯真的年轻学子，还有那些主张社会科学的阶级性的教师大抵是一样的，所谓的中产阶级根本不存在，年薪所得1200圆以上，还缴得起所得税的阶级，其户数占全国的纳税户数可能不到一成，然而这样的事实，却不是能轻易领悟得到。（昭和四年一月号《文艺春秋》，《知识阶级层的忧郁》）

在那个时代，他们是足以纳税的“阶级”。事实上，昭和十一

---

① 所得税代扣制。——译者注

年全日本1135万户中，缴纳所得税的家庭只有5%，不到70万户。全国所有家庭的平均所得是900圆，所得税纳税家庭的平均所得则是3394圆，仅有部分高额所得者需要缴纳所得税。（谷泽弘毅《关于高额所得者的分析，战前、战后之比较》，《日本经济研究》No.3，1992年7月）

实际上，每一位扶养亲属的扶养扣除额也是百圆，若扶养四位亲属，年薪1500圆以内不必缴税。昭和十年，在战时体制下，所得缴税制度变得严苛。另一方面，“为了让军队安心”，年金或保险制度也尽快趋近完善，过去以来“由于社会保险费负担并不存在，所以以往的实际支出几乎等于消费支出”（中村隆英编，《从家庭收支看近代日本生活史》）。税金低，当然国家也不会为人民做任何事，那也是战前的日本实际情况。低负担即等于低社会福祉，也近似现在美国的做法。

因此，无失业保险或国民年金的缺失，一旦户长失业或罹患重病，生活即陷入困境。当时，与双亲同住是理所当然的事，既没有社会福利保障，还必须照顾小孩，已不是单纯“美德或孝道”的问题。昭和十一年左右向田邦子以东京上班族家庭为小说场景，出版了《阿吽》，主角水田先吉的家庭就是那样。原本投机采矿而让家人苦不堪言的父亲与先吉从不说话，却又被迫住在一起，即使调职他地仍得带着一同迁移。但在当时，那是极寻常的事。

2016年，若夫妇与两个孩子（大学生与高中生）同住的上班族缴税的最下限是年薪354万日元，单身则是121万日元。

若是新婚，月薪50圆已足够

既然如此，几乎无缴税的负担，“月薪百圆”以内的生活又是什么样的情况呢？

若以昭和五年九月号的《妇人公论》为例，采访的是琦玉县新婚公务员夫妇的家庭收支，在县政府工作的丈夫初任职薪资再加上额外津贴，月薪是75圆。夫妇两人的食费共19圆50钱，比昭和六年的家庭收支调查中四人家庭的平均食费少了近5圆。恩格尔系数是26%，低于当时的上班族家庭的平均值，但与现在的状况则无太大差异。在房租方面，当时的家庭收支调查的平均值是近13圆，这样的房租可以租到拥有一间六张榻榻米房间、一间四张半榻榻米房间与厨房的房子，对新婚夫妻来说已十分宽敞。

治装费2圆，比起四人家庭平均的10圆，算起来非常节省，毕竟不需要孩子的治装费，而且是新婚，妻子的嫁妆里已包含了和服，无须再添购。当时的女性，日常生活仍穿着和服。“考现学”的创始者也是社会学学家今和次郎，在大正十四年银座街头展开了著名的现场调查，发现来往的行人中60%的男性身穿洋服，着和服的不到33%，但99%的女性都身穿和服。到了昭和年代，此情况依旧无太大变化。随着季节，每季约需三四件和服。平日衣着用的是木棉布，一反① 10圆左右，加上定做费，还需腰带或

① 长约10.6米，宽约30厘米。——译者注

衬衣，一套最少要耗费30圆左右。一般家庭实在无多余的钱每年换新衣，为了避免弄脏，经常绷紧神经。所以通常仅替换衣领容易弄脏的衬衣，更节省的主妇则在衬衣的领子垫上手帕，以防脏污。

关于女性的和服，除了价格以外，该杂志还描述了诸多细节。举例来说，文中提到新婚妻子的嫁妆中包含了和服，所以无须再添购，但筹备结婚之际为了备齐这些和服，却造成父母亲的一大负担。关于这方面，第二章还会再详述。

至于新婚的丈夫，上班是身着西装，回家则更换轻便的和服。偶尔也会穿店家出售的便宜成衣，不过基本上仍定制，一套西装定做下来约是初任职的一个月薪水。从昭和十年白木屋百货公司的广告看来，三件式的秋装要价28～48圆。加藤秀俊提到，设计师长泽节年轻时，购买了昭和十年新出品的斜纹哔叽布西装，索价30圆，而且在当时已是最低等级，他富裕的朋友身穿的是一套200圆（约合现在价格40万日元）的西装。因此加藤秀俊写道：“男人拥有西装，就等于拥有一份财产。”（《生活的社会风潮史》）

观察昭和六、七年左右的报纸广告，便宜的领带从50钱到1圆50钱都有（即使是现在，花车拍卖也能找到1000日元左右的领带），特卖的风衣外套60圆，大衣20圆左右，和服用的外套则是40～70圆。当时绅士外出不可缺的就是帽子，软呢制的约7圆。全身上下最昂贵的是鞋子，永井荷风于昭和二年在银座定做一双绑带的男鞋，要价28圆（《断肠亭日乘》）。昭和十年的白木屋百货公司的广告中，小牛皮的短靴是10圆50钱，上等皮革的则是19圆，比起便宜租屋的月租还要昂贵。除此之外，男性还须备有和服，不过一般上班族在家附近无须盛装，所以廉价的浴衣足以应付，无须添购高价品。

尽管如此，这对新婚夫妻的开支中，并未包含丈夫的治装费。想必是仍沿用单身时拥有的西装与鞋子。

应酬交际费是3圆20钱，甚至不到昭和六年全国平均基准的一半，但新婚期想必是如此吧。报刊等的“休闲费用”是3圆50钱。如本章一开头所提及的，当时订阅报纸一个月一圆，《文艺春秋》等月刊杂志大约是50钱。当时无电视或网络，一个月阅读三四种报纸或杂志是极寻常的事。此外，若再添购单行本书籍，总计的确容易超过3圆。娱乐费是2圆80钱，假日到电影院看电影，最便宜的一人一场需40钱。再参照前面，昭和初年的外食价格，天妇罗丼30钱、冷荞麦面10钱、咖啡一杯10钱。因此，若每月看两次电影，想必回程夫妇肯定会去吃一碗天妇罗丼等。支出中的其他，一个月约50圆69钱，而收入的近30%列入储蓄，也就是存入22圆以上。

在此一年前，也就是昭和四年十二月号的《妇人之友》，采访的是东京警官夫妻，月俸63圆，房租12圆，米费6圆，副食费10圆，电费2圆，由于当时无瓦斯，所以煤炭费3圆，报纸杂志费3圆。他们表示：“相当节衣缩食。”尽管如此仍每月储蓄10圆，花费5圆保险。

也就是说夫妇两人每月靠50圆过活，相当于现在的10万日元，其实的确还算优渥。所以先前的上班族座谈会中，与会者们的“月薪70圆也能活得下去”的发言，的确是千真万确。

有了孩子，更加辛苦

不论任何时代,新婚家庭的收支总是比较宽松。有了小孩，生活就会变得拮据。时至现在，双薪夫妻仍要为托儿育儿费尽心思，不过当时并无所谓的托儿所。基本上各家庭会雇用女佣帮忙看顾小孩，所以妻子若辞去工作，家庭经济即陷入窘迫。

昭和四年十二月号的《妇人之友》刊登了这样的案例：一个报纸记者的家庭，成员有夫妇、两名幼儿和丈夫的弟弟，观察其家庭收支。两个孩子，最大的是两岁四个月，丈夫约三十岁左右，月薪65圆。其实，记者的薪水比其他行业略低。以前妻子还工作时共有80圆的收入，当时即使雇用女佣，仍可以存钱。想必妻子十分能干，辞去非正式工作后担任英语家教，还能有15圆的收入。

不过，最小的孩子出生后，妻子就没有工作了，生活变得棘手，最后不得不辞退女佣。从家庭的总收入看来，若包含妻子担任家教的收入共计80圆。丈夫的零用钱来自于本薪以外的加班费等，而本薪的60圆全部纳入家庭收支中，由于还须给弟弟7圆的零用钱，所以每月透支15圆。丈夫说：“以前觉得雇个女佣，才能专心赚钱”，然而“雇个女佣，就得省下25圆的开支”，若无法赚到四五十圆，根本难以收支平衡。丈夫为难地说：“雇个佣人，让家庭收支变得更活络，或者根本省去这些节省过活，究竟哪个较好，我实在已经搞不清楚了。”

不过，无论当时或现在，最让家庭收支陷入窘迫的其实还是住宅与教育费。关于住宅，之后还会详述，战前的房屋租金较低廉，在东京都内，三四十圆左右的月租即能租到相当于现在价格6万～8万日元才能租得起的两层楼独栋房屋。也无论是过去或现在，房屋租金都相当于月薪的二至三成。如前述，多数的“月薪百圆”阶层仍住在月租十多圆的房屋。一旦收入调升，当然也会想换个宽敞且气派的房子，不过战前的家庭收支中最费心的还是教育费。

比起现在，战前的社会氛围更重视学历，尽管多数人仅小学毕业，但满心希望至少让孩子上完旧制中学的父母亲依然居多。至于可行与否，往往在于钱的问题。

关于旧制中学的学费，以东京的府立一中为例，大正十年时一年学费54圆，昭和八年60圆，昭和十年66圆（《价格的明治、大正、昭和风俗史》）。若一年60圆左右，相当于一个月5圆。这么看来似乎不是一笔大数目，但可以上中学者多半属于较富裕阶层，为了跟上同侪、融入其中也需要花钱。永井荷风在昭和六年四月的日记中提到母亲说的话：“小孩的教育费，即使是寻常的中学每月下来就要花费近50圆，若再加上棒球、参加活动等的照片费或参观费，也要将近七八十圆。”相当于大学毕业生的初任职月薪。

若是大学毕业的精英，当小孩准备上中学时，年龄也到了四十岁左右，此时多半月薪已达300圆以上，所以并不是负担不起。

永井荷风的母亲和与荷风交恶的弟弟威三郎（毕业于东京大学的农学博士，担任东京高等农林学校教授）同住，说出那番话也许是为了孩子着想。

不过，除了少部分的精英，即使中年，许多人仍属于月薪百圆阶层。战前，一家的小孩不只一人或两人，多半是四五人，虽勉强可以供给到中学，若还要支付电影票或棒球赛门票，简直不是轻松的事。

昭和四年十月民政党的滨口内阁推出官吏减薪政策，报纸争相议论“此举将掀起底层官员的痛苦”（十月十六日《东京昭和新闻》）。《朝日新闻》的报道中列举了一位进入政府机关工作二十年的“铁道官员”，一家八口，育有四男二女，最大的孩子十九岁。好不容易月薪终于到了 150 圆，可是已经四年半未调涨，只得靠这份薪水养活全家。由于住的是公家宿舍，无须花费租金。不过他也说出了困境，“我们把房屋租金挪作长子的教育费，让他上了中学，上学期间却连一次校外旅行都无法让他参加，课本用的都是别人的二手书，除了每月的学费外还要努力攒出杂费，终于在今年春天毕业，好不容易可以安心了，没想到接着又要面临就业的难题，结果现在游手好闲。为此，次男小学毕业后，决定牺牲自己去工厂工作，以添补家用，也让另外的二男一女得以有上小学的学费。”

大学生每月最少花费 40 圆

能够让孩子上到大学的家庭仍有限。昭和八年二月的《九州日报》，以“窥探东京的大学”为题刊登专栏连载，内容锁定了东大、早稻田、庆应、明治各大学学生的生活。当时东大一年的学费是120圆，庆应也是120圆，早稻田140圆，根据报道，各大学包含每月平均的学费在内生活费达50圆左右。

受访的东大学生过着不特别节约的生活，一个月需40圆。这名学生住在合租宿舍中四张半榻榻米大的房间，月租5圆。三餐在学校的餐厅解决，每月12圆。学费平均每月10圆。“所谓的研究费等是学生向家长索取额外金钱的最合适理由，约是2圆左右。”以现在的价值换算，包含学费在内每月最低需要8万日元。不过四张半榻榻米大小的合租宿舍，现在恐怕找不到了。现在纵使节省再节省，每月食费保持2.4万日元，也是相当困难的事。

“苦学生”较多的早稻田，依据其学生课的调查，“租屋最低3圆，最高21圆，平均来说三张榻榻米大小的房间5圆60钱，四张半榻榻米的7圆30钱，六张榻榻米11圆，八张榻榻米14圆20钱。食费两餐是20圆左右”。包含学费、其他杂费在内，一个月一人生活需50圆左右。但“身为资产阶级学生且须保持体面”的庆应生，根据学校的调查，包含学费在内的生活所需一个月则不到50圆。不过由于庆应的学生常在银座游玩或去保龄球馆等，“想做个庆应生，零用钱至少要准备个三四十圆”。

因此，当时的学生也相当仰赖打工的收入，早稻田学生多半会兼职做家教、服务生、翻译家的助手等，“向家里拿15圆左右，其余的就靠打工收入”。不过就算儿子愿意打工赚取学费，做父亲的也必须从百圆左右的月薪中拿出15圆，仍是相当拮据。想必现在仍有月薪50万日元的家庭，必须每月汇10万日元左右给正在上大学的孩子，这么看来，无论哪个时代，身为父母都是辛苦的。

在这个专栏里也刊载了，即使是东大学生仍有人过着每月70圆，甚至超过百圆的生活。明治大学也有学生住在旅馆，每天开车上学，这表明富裕的学生依然存在。自昭和十三年至美日开战翌年的昭和十七年，住在东京的英国人约翰·莫利斯，在东京高等师范与帝大任教。他如此写道：“帝国大学生一个月的平均支出，课本或住宿等的所有生活费，当然也包含各种的娱乐费，共计百圆（约6镑10先令）。”（《约翰·莫利斯的战争期间日本滞留记》）

担任莫利斯此书的日文翻译兼译注的小田部雄次，质疑书中当时的平均生活费过高，不过富裕的家庭打从孩子中学时代开始即能供给七八十圆的零用金，大学生每月花费百圆也不是什么匪夷所思之事了。但是，莫利斯似乎完全忽略了非常贫困的家庭，“不能负担此程度金额的家庭，在日本几乎找不到，这段描述的确令人感觉到他的认知不足。想必是莫利斯接触的学生都是来自富裕阶层吧，所以不能拿来作为“平均”的基准。

如之前介绍的报纸记者，其妻子也教授英文，可算是知识分子家庭。想必他们的孩子到了这个年龄也必然经历“升学压力”，究竟有多辛苦，之后还会详述。

4 究竟月薪多少才是“富裕”？

《细雪》里姊妹的斤斤计算

月薪百圆，年薪1200圆以上的收入，就能过着“好生活”吗？

谷崎润一郎的《细雪》于昭和十一年出版，描写的是关西上流家庭生活。书中出现这样的场景：主角幸子、雪子、妙子三姐妹在品论雪子相亲对象、外商公司上班族的收入。

> “是薪水阶级啊，听说是MB化学工业公司的职员。”
>
> “拿多少薪水呢？”
>
> “月薪178圆，加上奖金大概250圆左右吧！”

而后，又谈及法系企业或神户有栋大楼之事，姐妹的对话开始涉及这人的资产。看来无论是当时或现在，女人挑选对象的条件都很严苛。

> “除了上班，还当夜校的法语教师，薪水大约百圆左右，两边加起来有350圆。”
>
> “财产呢？”
>
> “没什么财产。乡下有母亲一个人，有他们从前住的老房子，和自己住的六甲的房子与土地。六甲那个是分期付款买的小小住宅，不值什么钱哪！”

“即使这样也可以省掉房租，可以过 400 圆以上的生活了！”

家道中落的“莳冈家”姐妹，娘家原在船场，幸子的丈夫是“商大毕业的会计师”（以现在来说，是一桥大学毕业的认证会计师），大姐鹤子的丈夫则是银行职员，皆属富裕阶层。雪子对婚事抱着随缘的态度，竟也到了三十岁的年纪，在当时算是错失适婚期。即使如此，大家仍有默认的共识，就是绝不能嫁给贫穷人家。这个家族的女性认为合格的收入是月薪 350 圆，若把房租也算进去的话，必须是“月薪 400 圆”。相亲的对象是毕业于大阪外语大学，曾留学法国的四十岁男子，换算现在的金额，他的月薪是 80 万日元。这种程度，算是将来不愁吃穿。以年收入来说，近 5000 圆，相当于现在的年薪 1 千万日元。

“中产阶层”是年薪3000 圆

撇开莳冈姐妹的要求，标准的年薪应该是多少呢？这个话题直到大正中期才成为专业的讨论问题。

俄国的十月革命后，当时的日本政府或学者对于华族或资本家等富裕阶层，以及工人或农民之间形成社会落差感到忧心，他们期待中产阶级的发展能带领日本走向资本主义社会。不过事实上，第一次世界大战引发的通货膨胀，造成工人收入的提升，另一方面公务员或办公职员的薪水追不上不断高涨的物价，因而造成中产阶级的紧困与没落。然而，所谓“中产阶级”的定义在当时依然是暧昧不明的。

大正十年二月号的《中央公论》刊载森本厚吉的《现代经济生活的“日本标准”》，可作为当时各种讨论之代表作。森本认为一般国民若要过着中产阶级的像样生活，依当时基准的一家五口，年收入最少在3000圆左右。大正十年的物价比起昭和初期，高了两成左右，所以无法适用于两千倍的换算法。2003年的劳动者平均年收入约620万日元，也就是说历经八十年，日本社会终于达到森本所认为的标准。

森本定义的中产阶级，必须符合“经营安定生活者”“主要通过资本与劳力的结合以维生者”“所得及财产皆属于中庸者”三项原则，收入并不能全然定义中产阶级。然而，当时多以日币换算欧美中产阶级为例，所以收入仍是主要的象征基准。

第一次世界大战前，生活费较高的美国，其中产阶级年薪约1500~5000圆。欧洲若年薪在1000~3000圆左右只能算是“底层的中产阶级”。日本在大正五年时，年薪700~1800圆内即是中产阶级，1200圆以上算是“中间的中产阶级”。不过之后的通货膨胀，为保持“中间的中产阶级”的生活水平，所得开始节节攀升，大正七年时年薪2000圆，八年时是2500圆，九年则是3000圆。

森本指出，就得以摄取充足营养的食费来说，大正九年初的东京，夫妻与孩子的三人家庭，依当时的标准每月需花费87圆，年总额约千圆。同时，可动用所得中食费所占比例，也就是恩格尔系数，若以欧美的实例看来，中产阶级应是约30%～40%。所以除了千圆的食费外，治装费240圆，约32坪的房子若以月租29圆为前提，再加上其他的住居费用合计560圆，教育费、应酬交际费等1095圆，整体而言，总生活费一年约需3000圆左右。

事实上九成的人口年薪在650圆以下

森本试算可以实践这个基准的家庭户数，究竟在日本占了多少比例？结果发现年薪3000～5000圆的家庭户数不到0.3%，98%都在2000圆以下，其中600～2000圆、所谓“上级的底层阶层”约占9%，650圆以下者高达九成。

即使把公务员的月薪纳入，仍得到这样令人气馁的结果。战前的公务员，由最低阶算起分为雇员、判任官、奏任官（课长等级以上）、勅任官（局长、次官级以上）、亲任官（大臣等级），从最低阶至判任官是经由各省部门的采用，奏任官以上则属于高阶官员，由内阁任命。亲任官，是天皇亲自任命。以战后的模式理解，判任官是未通过高考的公务员，奏任官以上则是通过高考的公务员。

根据森本的分析，大正七年共24.29万名的文官中，相当于课长以上、也就是奏任官等级的有9442人，平均年薪2375圆，属于中产阶级水平。7.75万名判任官，平均年薪是774圆，相当于“贫民以上”。

大正十年，内务省的“职工生计状态调查”显示，平均一户家庭人数5人，户长的平均月收入为77圆21钱，若包含家庭成员等的其他收入是95圆76钱。无临时收入时，年薪约1050圆，还不到森本基准的三分之一。森本认为，“标准过于低阶，应该提升，换言之也就是努力提升文化生活的水平。”他指出，首先应该把中产阶级的生活水平列为国民的标准。

森本的论文，在当时可以说是划时代的远见，彰显出理想的目标，足以作为东京的基准。至于地方，即使偏低也无妨，“若是物价可以下降二成”，那么东京的平均年薪就能达到2500圆左右，大正八年左右中产阶级的所得标准即可到1500～4000圆左右。事实上到了昭和时代，随着物价大幅下滑，的确实践了当初的预测。

滨口内阁推出官吏减俸政策时，昭和四年十月十六日的《东京朝日新闻》以一问一答的方式，刊登记者彻夜追问铃木富士弥书记官长关于减俸的薪资基准。当时减俸的基准设在年薪1200圆以上者，记者反问每月平均百圆薪资，难道不是过分微薄的生活费吗？书记官长理亏地回答：“是啊！”记者又再反问：“那何不把减俸设定在3000圆以上的官员呢？”由此看出，当时的价值观认为“年薪1200圆”遭到减薪是值得同情的。而就森本的中产阶级标准，“3000圆以上”已足以被纳入富裕阶层了。

总理大臣的年薪 9600 圆

那么战前的有钱人，究竟拥有多少收入呢？根据《事典 昭和战前期的日本》所刊载的官吏年薪（表1），在昭和六年的公务员减俸前，内阁总理大臣的年俸是1.2万圆，减俸后直到终战都维持在9600圆。减俸前每月平均千圆，减俸后是800圆。现在的总理大臣包含补助津贴在内，年俸约4千万日元。以两千倍的基准换算战前总理大臣的年薪，相当于现在的不到2千万日元，两相比较，显示即使物价调整后薪水仍倍增。

而大臣减俸前是8000圆，平均月领670圆，减俸后6780圆，平均月领570圆。官厅的次官长减俸前是6500圆，减俸后5800圆，若仅除以十二个月，月收入是480圆左右，相当于现在的不到百万日元。而现在的事务次官长，平均月俸139万日元，年薪2270万日元。局长等级在减俸前是5200圆，减俸后是4650圆。

国会议员的公帑，议长是7500圆，副议长是4500圆，一般议员3000圆。以两千倍的基准换算，一般议员的收入相当于现在的约600万日元。

军人的薪资，第五章还会详述，不过昭和六年的减俸后，大将年俸（基本底薪）6600圆，师团长的中将6000圆，少将5000圆，大佐4150圆，中佐3220圆。

表 1　官吏年俸变迁　（单位：圆）

官名		~昭和六年	昭和六年~
内阁总理大臣		12000	9600
大臣		8000	6800
枢密院议长　陆海军大将　特命全权大使 大审院长　检事总长　会计检查院长 行政裁判所长官		7500	6600
枢密院副议长　特从长　神官祭主		7000	6200
帝国大学校长　北海道厅长官	1 级	7000	6200
	2 级	6500	5800
内阁书记官长　法制局长官　枢密顾问官 政务次官　内务省技监　陆海军中将　警视总监		6500	5800
资源局长官　学习院长　李王职长官 公使大审院部长　控诉院长 会计检察院部长	1 级	6500	5800
	2 级	5700	5100
勅任技师　官立大学长　桦太厅长官 南洋厅长官　府县知事	1 级	6000	5350
	3 级	5200	4650
赏勋局总裁　枢密院书记官长		5700	5100
局长　参与长　勅任总领事		5200	4650
勅任事务官　银行检查官 水产讲习所勅任教授　地方通信局长	1 级	5200	4650
	2 级	4800	4300
书记官　秘书官　奏任事务官 奏任技师　翻译官　防疫官 警察讲习所教授　奏任判事　奏任检事 ○帝国大学教授　○官立大学教授 高等专门学校教授　铁道局参事	7 级	4500	4050
	5 级	3100	2770
	9 级	1800	1650
	12 级	1200	1130
理事官　奏任式部官　事务官补 通译官　关税官　陆海军事务官 大学事务官	1 级	3800	3400
	11 级	1100	1050

续　表

官名		~昭和六年	昭和六年~
○帝国大学助教授 ○官立大学助教授　高等学校寻常科教谕	1 级	3100	2770
	12 级	1100	1050
判任官（年俸换算）	1 等特俸	2400	2160
	1 等 4 级	1200	1140
	3 等 7 级	820	780
	4 等 11 级	500	480

○记号：另有讲座俸禄 250 ~ 1600 圆。

（摘自伊藤隆监修、百濑孝《事典　昭和战前期的日本》，吉川弘文馆出版，有删减。）

公爵、侯爵、伯爵、子爵、男爵这类的旧华族，可以领到明治时期筹立的“旧堂上华族保护资金”，是一种投资信托，昭和八年公爵一年可领取 6000 圆。（浅见雅男的《公爵家的千金》）

当然，华族另当别论。平民当选议员或晋升到中佐，年薪才有可能达到中产阶级的标准，也就是 3000 圆。

民间的薪资实况，详细可参照第四章，不过昭和六年三井财团的团琢磨，光所得税就缴纳 12 万圆以上。同是三井的池田成彬，仅是银行的薪资就有 40 万圆，财团企业的管理阶层，年薪 1 万圆以上并不是稀奇之事。歌舞伎的歌右卫门、梅幸、佐团次等当红演员，年薪也从 8000 圆到 1 万圆不等。电影明星大河内传次郎除了月薪八九百圆之外，每部电影还可收到一千二三百圆的酬劳。（昭和六年五月二十五日《东京朝日新闻》）

显然当时在民间企业担任要职，年收入较高，所以《朝日新闻》的标题写着：“真是官吏等的悲哀！”然而战前的政府高官，多有各种“不明”收入，严格说来根本无法比较。

然而，本书关心的毕竟不是有钱人，而是平凡的上班族。莳冈姐妹可以接受的外商公司职员的收入，约相当于省厅局长或少将级军人的年收入。对上班族来说，那简直是人人称羡的薪资水平。

5 大落差社会——月薪百圆仍是遥远的梦

加太晃司少年时所经历的昭和一桁

由此看来，薪资百圆以上的上班族即使身处昭和初期的不景气，生活也并非过不下去。无小孩的新婚夫妇，每月 50 圆在那个时代也能生活下去。如此想来，政府针对月收入百圆以上的公务员减俸，似乎也不是残忍之事。那么，距离百圆甚远的阶层又过着怎样的生活呢？如果不能从金钱方面去理解彼此之间存在的差距，恐怕也无法了解昭和初年日本的社会问题。

平成十年（1998）去世的评论家加太晃司，出生于大正七年的浅草，而后在府下、北丰岛郡尾久町（现在的荒川区尾久）长大成人。父亲是个酒鬼，任何工作都无法长久，母亲只得当女佣赚钱，但所有的收入还是被父亲喝酒喝光了，最后连电费也付不出来，过着极贫困的生活。在父亲的逼迫下，少年加太曾到母亲帮佣的人家预借薪水，结果拿到 5 圆，相当于现在的 1 万日元，等于是母亲工作十日左右的薪资。如此算来，每月薪水是 15 圆左右吧。他说：“那 5 圆，可以买二斗的米，父亲不到三个小时就喝酒花光了。”

他从一般小学毕业后进入高等小学，由于不是义务教育，学费需 2 圆，加太回想昭和六年他似乎只付了两三回学费。

> 因为是贫民区的高等小学，每月学费迟交的学生很多，幸好三四个月不缴，也不会有人来催缴。尽管如此，入学时一班有近六十名同学，到了二年级竟减少到四十多人。中途退学的同学不是到工厂当学徒，就是在供吃住的商家工作。学徒日薪 40 钱，必须工作 10 个小时；供吃住的商店店员则从早到晚供人使唤，月薪 5 圆。就算这样，为了家计，那些少年还是去工作了。（《两人的昭和史》）

内阁统计局的工厂劳工薪资调查显示，昭和六年工厂的工人一天的平均薪水是 1 圆 86 钱，是战前的最低薪资，不过小学刚毕业的学徒甚至只能领到其四分之一或五分之一。当时工厂的工人，一天平均工作 9 ~ 10 小时，即使是小孩也做着与大人同等的工作。一般工人每月工作 26 ~ 28 天，每周休息 1 天。若小孩也这样工作，理所当然应领到 10 圆以上，但是事实并非如此。昭和六年，日本处于不景气的巅峰期，据说“就算大男人也找不到工作，当时日本全国的失业人数达 500 万人。木匠、水泥匠等的专业工匠，每月可工作 15 天就要偷笑了。若觉得游手好闲不是办法，干脆去做些粘纸袋或缝手套的家庭代工，努力工作 12 个小时，竟仅有不到 10 钱的收入”。

昭和三年，岩波书店等大型书店的店员点燃了改善待遇的争议，始因是江户时代以来的商家年季奉公制度竟延续到了昭和年代。所谓的年季奉公，是指商家给雇员提供衣食住，每月仅支付3~5圆的零用钱。经过长时间、每年每季的工作后，雇主会给予开业的资金，若中途不做，只能拿到些许钱打发解约，可以说是近代以前的聘雇制度。

昭和三年三月十五日的《东京朝日新闻》，东京市少年职业课科长指出："我们必须站在养育的角度看待少年，按照实际工作的状态给予他们相应的待遇，本来就是再自然不过的事，但现在的雇主仍怀着年季奉公的思想，实在应该好好反省才是。"就连政府单位也意识到社会实情不符合人道，但雇主仍不愿改变。

在那样的状态下，雇主惯于从薪资里扣除食费等，诸多身为学徒的少年即使已工作六个年头，每月仍仅拿到5圆。月薪5圆，是大学毕业生初任职月薪的十五分之一，中学毕业生的七分之一。

从"名单阶级"到"月薪百圆"

昭和六年秋天，加太家因举债而被拍卖，于是移居到长屋经营饼干糖果铺。房租一个月4圆，若预缴一年份，房东在年末时会退回一个月租金。这恐怕是当时东京最低价的房租吧。

依加太回忆，再换算今日价格，约莫是这样的情况："6厘（12日元）进货的饼干糖果售价1钱（20日元），一天营业额1圆50钱（3000日元），等于净赚60钱（1200日元）。一家五口一天吃约一升五合的米，共需30钱（600日元）左右。60钱，可以应付基本的饮食。"

这样的生活水平，其实可列入东京市的“生活贫困者”，只要记录在东京市的名单中，年末等就能领到政府的补助，因而又称“名单阶级”，是略带藐视的称呼。自尊心强的加太父亲基于“再怎么落魄也不能让东京市喂养”，因而拒绝援助。为了度过昭和七年的新年，加太的母亲只得拿冬天的和服作为抵押，向其兄长借了 10 圆，才终于得以购买年糕。

不过，自从家附近的说故事屋愿意以一张 2 钱价格向他购买说故事用的图画，加太少年时的生活就彻底改变了。

战前说故事屋最受欢迎的故事《黄金蝙蝠》，最初插画出自十八岁的少年，故事则出自曾担任面包店的师傅。说故事屋的商人雇用有绘画天分的孩子画图，顺利的话还能大赚一笔。利用学校的画具画出二十五张图画的加太，备受读者好评，顿时成为月薪 30 圆的说故事屋作家。尽管靠着亲戚的介绍得以进入递信省当雇员，但日薪 55 钱，月领 16 圆 50 钱，说故事屋的收入就有 30 圆。于是加太不得不选择说故事屋，代替父亲成为一家的经济支柱。

昭和八年已月薪百圆，也就是十六岁时已达到当时的标准薪资水平。不过，父亲依旧把加太赚来的钱拿去酗酒。终于，一家搬到月租 16 圆的二层楼独栋房子，共有四间房间，还附有瓦斯和自来水，但加太从未滞缴房租。由此可显示战前的社会现状，尽管学历取向比起现在还要严峻，然而各种新兴行业还是存在着赚钱之道。

连买棺材的钱都没有

加太靠着才能，才得以在年轻时脱离贫困，然而大多数人未必如此幸运。先前提到在工厂工作的工人，直到做满六年，一日薪资才缓缓上涨。涨到 2 圆已是昭和十三年以后的事了。大正时期甚至出现职人的薪资高过白领阶层的情况。到了昭和时期，随着泡沫经济的崩解，企业苦于设备供甚于需，调降薪资变成惯例。昭和四年、五年持续出现劳资抗争，为了抗议，有人甚至爬上工厂的烟囱，就这样坚持了好几日，还被称为“烟囱男”。

昭和五年，在富士纺川崎工厂的烟囱工作 130 个小时的“烟囱男”
（照片提供：共同通信社）

然而低薪总好过失业。木工每月仅有15个工作日，况且无失业保险。明治五年（1872）的罢工共2456件，是战前的最高峰。高山本七平回忆说：“那些都不是为了加薪的罢工，诉求几乎都是‘反对裁员’‘支付薪水’这类纠缠悲苦的抗争。”（《昭和东京物语2》）一旦沦落到失业，恐怕就如加太的父亲一样沉溺酒精，坠入“底层阶级”的生活。

昭和五年五月的《文艺春秋》以“不景气的真相”为题，召集了当铺、食堂的老板、葬仪社老板、出租车司机等举办座谈会，道出贫穷人群的困境。

当铺的老板认为经济不景气，典当品质量也不佳。像是加太居住的尾久一带，有些客人甚至连日常使用的锅、釜都拿来典当，或是“早上拿着棉被典当，（中略）50钱、80钱也好，拿这个来借钱，到了晚上再把它赎回去”。

食堂的老板感叹地说，没有艺妓陪酒，两瓶酒再附赠小礼物这种规格的宴会餐费，两年前一人是5圆，如今客人会杀价到一人2圆或2圆50钱，若不成，他们宁愿去别处。

文具杂志商或葬仪社老板透露，无工作也付不起房租的水泥匠，妻子难产而死，最后竟连买棺材的钱也没有，就那样任由尸体摆在坐垫上三天；或是，也有人举行丧礼的翌日，为了躲避付钱连夜潜逃。除此之外，因不景气而关门大吉的商店老板住院时，医院害怕收不到80圆的医疗费，人一断气就跑来收钱。从这些案例中，足以明白不景气更是让社会底层蒙上了阴霾。

最后出席者们哀叹：“这世间变成借来的东西就是自己的，不必归还了。”“还有人说按月缴店租等的人简直是笨蛋。”“现在的人们已毫无道德可言了。”无论是当时或直到现在，日本人总是反复抱怨：“这人世的人情荡然无存。”然而当时的“无人情”与现在恐怕难以比较吧，毕竟当时被迫走投无路的人更多吧。

六月号的《文艺春秋》，又召集东京市的官员或学者参加“社会现象批判座谈会”，会中也道出当时底层阶级的生活辛酸。当时“拾荒者”聚集在日暮里，同时还有收集剩菜饭的店铺，仅需 2 钱。果真有人来买，回家煮成粥，供一家人作为晚餐。深川的角落也聚集着底层的劳动者，调查这些露宿的劳工们，结果发现 30 人中仅有 8 人工作，日雇工还算是幸运，甚至有人只是从事捡拾空的煤炭草袋等工作。

利用小孩去乞讨

那样赚得的钱，一天最少 20 钱，最高 1 圆。也有些退役军人单枪匹马去船上搬运煤炭，可赚得 2 圆 20 钱，不过一有钱，总要花掉 1 圆 50 钱喝酒，最后身上仅剩 25 钱。于是为了这些人，又出现寄宿一晚 25 钱，仅需付柴火钱的简陋旅馆，或也有 10 钱即能吃到早餐的食堂。换言之，社会处处存在着身无分文而露宿街头的人们。

另外，板桥一处有二十多间长屋，居住在那里的人们以乞讨为业，根据他们的说法，带着孩子比较容易讨到钱。“亲子三人一趟下来，就能拿到 2 圆。”“但各自都没有小孩，就抓来两个毛头充当小孩，大家共同使用那孩子。（中略）你是十点到十二点，下一个人是十二点到两点，再下一个两点到四点，因此乞讨的父母亲每回都不一样，可是带的都是同一个孩子。”

政治学家井上寿一如此写道：“战前不断扩大的阶级差距，弥补的终极对策就是支持战争。再换句话说，当时，战争是经济复苏的对策。”（《教养的“昭和史”集中讲义》）

第二章

二战前日本的“衣、食、住”

藤森静雄的《新上野车站“新东京百景”》
（昭和六年作品，东京都现代美术馆馆藏©东京都历史文化财团影像数据库）

1　和服与洋装

从和服看出身份

本章将再深入探讨二战前的“衣、食、住”，就从“衣”先开始说起吧。

昭和六年四月十五日号的《实业之日本》，让月薪 80 圆的年轻上班族与中年的公司主管针对“合理的生活”展开问答。年轻人问公司主管，房租需是月薪的三分之一吗？没想到得到一番说教，说是郊外多的是月租 15 圆的房子，“实在是太浪费了”。但论及治装费也同样需要 15 圆时，中年主管又显得大方地说：“是啊，真的要花费这么多，而且治装费大多是花在女人的衣服上。若不是为了追求华丽、耀眼或流行，是不需要花费这么多的。”（《月薪七八十圆等级的合理生活法》）

妻子的治装费竟然与房租不相上下，到底原因为何？

那是因为战前的社会价值观，认为女人身穿的和服即等于身份等级。虽说上班族急速大众化，但身为社会上还算体面的上班族的妻子，就算省吃俭用也必须准备几套上等的服装。当时，即使是男性也分辨得出和服的好坏。山本夏彦回想：“年轻时在车上，听到被招待去旅行的客人在回程沿途抱怨。原来是他们住宿的女服务生穿着铭仙①。那么到底该穿什么？当然是正式的和服，毕竟是要见客的。既然女服务生穿的是铭仙，就是二流的店，他们抱怨竟受到二流的待遇。”（《可知“战前”吗》夏彦烦恼问答）

走在银座的妇女们（昭和十二年）

这样的观点，对当时的女性来说，是一大负担。所谓的铭仙，比起高级的缩缅，仅需一半价格即买得到，再加上算是体面，自大正中期即是流行且实用的绢织品。明治时代以来，由于第一次

① 关东地区产的一种平织绢布，坚固耐用，常用于平常和服。——译者注

世界大战造成原料或染料不易进口取得，原本实用且大众化的薄毛呢价格高涨，铭仙遂取而代之。多是絣织图案，产地多在秩父或伊势崎等地。而正式和服采用的是另一种缩缅，属高级品。作为平常服的是类似久留米絣的棉料，家庭主妇平常在家也都是穿棉料的和服。

从昭和六年的妇女杂志来看，三越百货里最高等级的有“120圆左右的羽二重和服腰带”或“百圆的绘羽织”。至于便宜的，则有50圆任凭妇女、小姐们挑选的各种人造纤维。其中最便宜的还有“从长衬衣、和服到羽织腰带，全部二十五六圆左右”，当然使用的是价廉且质量差的人造纤维。（昭和六年二月号《妇人公论》，《大百货店买物评判记》）

一般家庭实在不可能每月添购新装，不过仍需频频购买内衣、半裙或足袋等消耗品。从平均收入来看，又以和服的治装费偏高。

500圆也难摆平的高额嫁妆费用

提到嫁妆，那更是一大沉重负担。自古所谓“女儿三人足以破产”，毕竟每个女人至少要拥有正式与日常各一套的和服，价格昂贵。

根据昭和四年十二月的《妇人之友》，当时的都市，婚礼费用约需四五百圆，也就是说年收入的五六成都必须拿来“充作婚礼的场面”。平均年收入1200圆的上班族，打肿脸充胖子花费六七百圆办婚礼也不是稀奇之事。该年松坂屋举办了“婚礼展览会”，从示范的案例看来，相当朴素的“300 圆左右预算”中，包含正式和服“黑缩缅留袖①与羽二重衬衣”73 圆，“腰带”19 圆，日常服铭仙羽织 11 圆，和服 10 圆，名古屋腰带 8 圆等，再加上腰带、衬衣到足袋，已超过 326 圆。嫁妆中还包含了棉被、坐垫等，所以，婚礼费用的 80% 皆花费在新娘的和服相关用品上。（《中产阶级的结婚费用》）

而且，根据《妇人之友》的说法，这样的等级仍无法满足“中产阶级”之需。若是“700 圆”的套装组合，前面提到的“缩缅和服”相当于中产阶层上班族的月薪 98 圆，腰带也要 38 圆。至于日常服有一套“见客用的小袖”② 与“缩缅的小袖”，如果再搭配腰带等价格又更贵。至于棉被，300 圆的套装组，是 30 圆，若是铭仙的棉被则是双倍价 63 圆，总金额为 699 圆。向田邦子的《阿吽》，描写的是部长级的上班族家庭，内容中的确出现为独生女储蓄千圆以上，以作为结婚费用的情节。

洋服普及运动

和服的价格昂贵，不仅造成家庭收支的负担，对当时的女性来说穿脱也相当麻烦。外出回家后，必须先解开腰带等，然后把衬衣折叠好，和服或外套先挂在衣架上，接着换成日常和服，待准备好餐食，还要清洁整理厨房。等到家事告一段落，

---

① 最高级的正式和服。——译者注
② 小袖指袖口较窄的和服。——译者注

再将原本挂着的和服或外套一件件小心翼翼折叠，为避免弄脏弄皱，还要以和纸包裹，最后放进衣柜里。当时的妇女杂志经常接到读者抱怨和服的来信。因此，自昭和一桁开始女性投入职场，也开启了洋服的普及。《妇人之友》刊登了昭和四年秋天在上野松阪屋举行的“现代职业妇女标准服装”展示会，内容如下：

中国风的衬衫与裤子	成衣的洋装	展示女郎用的洋装	教职员用三件式休闲套装	粉领族用的套装
19 圆	17 圆	18 圆	27 圆	49 圆

记录此表的柳洋子表示，当时以和服为外出服的小学女教员的初任职月薪为 40 圆，一般职业妇女平均月薪为 30 圆左右，洋服的价格无疑较受职业妇女所欢迎。（《昭和文化 1925～1945》收录的《流行时尚——简便连身裙到工作袴》）

不过，传统文化的规范依旧强大。山本夏彦说：“喜庆丧葬还是和服，若是洋服，再怎么修饰依旧不够庄重。”加藤秀俊也写道，昭和二年杉野芳子在芝区创立“Dressmaker 女学院”（事实上是大正十五年创立的），仅有校长身着洋服，尽管学校希望学生也着洋服上学，但大家仍觉得难看丢脸，坚持穿和服。

前述的列表中，还出现了价廉的中国风服装，那是因为大正末期日本女性流行穿着旗袍。虽然和服诸多不便，但也许是许多人仍视洋服为畏途，于是出现四五十圆起至百圆左右的定制夏装，为彰显出高贵的时尚感。

前面提到的《妇人之友》之结婚费用特辑，也试算了洋服的婚礼费用。根据位于丸大楼的“MAYFAIR”时尚精品店的调查，绸缎的婚纱礼服75圆，丝绢的头纱30圆，鞋子25圆，丝绢的袜子3圆50钱，内衣的连身衬裙出乎意外地竟要8圆20钱，再包含其他，总价超过166圆。

“这些洋服，即使在帝国饭店举行婚礼也不至于撑不起场面，与前面所提到的七百圆左右的和服相比，完全胜出，而且价格更便宜。”

《妇人之友》提出：“女学校时代穿着洋服上学，但婚纱无论如何就是想穿和服，没想到除了婚纱，再加上其他零碎的开支，只有500圆或800圆根本无法变成最美丽的新娘。”以此强调洋服的合理性，然而“洋服撑不起场面”的抵抗势力依旧强大。当时也有租借用的婚礼礼服，整套且包含腰带的话，振袖50圆，留袖30圆。

洋服看来寒酸

教科书将“洋装的摩登女郎”作为昭和初期社会的代表现象，但在和服依旧强大的高墙前她们仍属于劣势。总而言之，洋服在当时就是摆脱不了“寒酸”的刻板印象。

战前的风俗民情作家石角春之助如此写道：“大体来说，具超级摩登个性的女性，皆一贫如洗，她们常囊中羞涩。”

“绚烂华丽的摩登女郎的钱包内，总是可悲的只有1圆左右在摇晃跳舞。”

穿着简便连身裙的女性（昭和五年左右）

“纯日本式的夫人型妇女，或是下町风的女孩，她们的钱包可是满满的。”就连百货公司等店家也这样认为，“愿意点些昂贵料理享用的贵妇人，果然还是仅限于纯日本式的贵妇人。”（《银座秘录》，昭和十二年）

“摩登女郎等于洋服”，带有“自由的象征”，“奔放与随便”的危险。昭和八年十月的《改造》刊登了这样的文章。

> 洋人的眼中，游走在银座的摩登女郎，看来都像是卖春女。不是吗，那妆容，那服装。（中略）尚未习惯日本的外国人若遇见了银座的摩登女郎，即使不是什么不良外人，也会对着她们挤眉弄眼吧。（伊礼次五郎《不良外人》）

在当时，洋服代表寒酸贫穷，唯有穿着高价且令人行动不便的和服，才是安定富裕生活的象征。因此，即使觉得麻烦，女性依然觉得洋服难看丢脸，始终脱不掉和服。

昭和七年，白木屋百货发生火灾，身着和服却未穿西式内裤的女店员们在逃难中过度在意裙摆，于是造成许多人跌倒坠死。这样的事件频频发生，终于让职场穿洋服的女性增多。不过，那依旧是家庭以外的世界，毕竟职业妇女本身就是少数派，专业主妇即使在战争时期仍执着地身穿和服。

昭和一桁中期，出现了所谓的简便连身裙（参照前页照片），还有和服袖的夏季洋装等，但大家也只敢穿着出门到家附近。洋服成为日本女性的日常服装，已经是战后的事了。

2　“食”的实际情况——稻米的战争

米的消费量是现在的三倍

在第一章简略提及了诸如冷荞麦面或鳗鱼饭等外食的价格，然而在昭和初期并无家庭餐馆。外食是特别的，人们几乎从早到晚都在家用餐。那么，当时在家吃些什么呢？

昭和八年五月号的《妇人之友》刊载了《料理月历，五月的菜单》，示范部分家常菜。例如，晚饭的配菜有“姜烧柴鱼”与“汤豆腐”等，“煮小茄子”搭配“烩鸡绞肉”与“水煮冬粉”，午餐则是“烤竹荚鱼干”，与现在喜好和食的家庭无异。早餐几乎都是和食，不过妇女杂志推荐的菜单中，认为偶尔不妨出现

“吐司与培根”。与现代最大的差异，其实是米饭的食用量。也许是因为配菜变化少的缘故吧。

根据中村隆英的分析，昭和初期，食费占家庭实际支出的比例是，上班族家庭 33%，劳工是 40%，农家是 46%，其中稻米、麦的比例最高，人们主要从主食摄取营养。（《从家庭收支看近代日本生活史》）

	朝	昼	おやつ	晩
1 月	味噌汁（わかめ） 大根おろし、白す干	豚肉、新キャベツ芥子和へ（豚肉一五〇瓦、キャベツ五枚、芥子大匙一杯）	ちまき	鰹生姜焼 湯豆腐
2 火	味噌汁（蜆） 福神漬	そら豆甘煮	ゆで小豆	揚玉子、野菜葛煮かけ（玉子五個、椎茸三個、葱一本、筍五〇瓦） 胡瓜もみ
3 水	味噌汁（豆腐） 花らっきょう	細いんげん黒胡麻和へ	くず餅	冷牛絲（牛肉二百瓦、胡瓜一本、春雨半把） 三つ葉玉子とぢ
4 木	とろゝ汁 青海苔 紅生姜	鯵干物	アップルフリッタース（林檎四個、玉子一個、牛乳、メリケン粉）	小茄子丸煮 鳥そぼろかけ（茄子五個、鳥肉百瓦、生姜汁） 春雨おひたし
5 金	味噌汁（葱） 生玉子	牛べんかゝ煮 蕗辛煮	柏餅	鯉こく（鯉一尾、白味噌百瓦、赤味噌一五瓦） 伊勢海老具足煮 筍衣揚、木の芽
6 土	味噌汁（莢豌豆） 納豆	焼豆腐黒胡麻味噌	木の葉ぱん	鮑やわらか煮（鮑二個、酒、水、味醂、醤油） 南瓜ふくめ煮 流し玉子うす葛

料理月历，五月的菜单

从当时的妇女杂志所列出的个别家庭收支看来，以食费占收入的 30% 左右者为主流，其中主食费（稻米、麦）占 15% ~ 20%。3 名大人的家庭月薪 80 圆，米食费 12 圆，若是月薪百圆、包含小孩共 6 人的家庭，则需要 17 圆的米饭费。现在的家庭收支调查显示，恩格尔系数在 20% 左右，由此算出 30 万日元左右的消费支出中食费约是 7 万日元左右，因此相对所得为 50 万日元左右时，食费是 40% 的比例。也就是说，人们的饮食生活更加丰富了。

就稻米来说，昭和四年的 10 公斤白米价格是 2 圆 46 钱。3 人每月消费 12 圆，等于是买了 50 公斤左右的稻米，平均一人吃下十五公斤以上的米饭。现在的日本人每人平均每月消费不到 5 公斤的稻米，一年仅不到 60 公斤，由此可看出战前的人们食用了大量的稻米。

“以悲惨农民的生活为垫脚石”

因此，稻米的价格足以影响家庭收支。残留着大正泡沫经济阴影的大正十五年，10 公斤的稻米价格达 3 圆以上。到了昭和年间，又下降到 2 圆左右。尤其经济最糟的昭和六年，稻米价格降至 1 圆 69 钱。但也不仅是不景气的问题，其实昭和五年的好天气带来了历年来的稻米大丰收。昭和五年八月东京的稻米价格，150 公斤约 30 圆，但到了秋季下跌至 20 圆，是大正三年以来的最低价格。当时，受到世界全面不景气的影响，绢的需求量激减，与稻米同列大卖商品的“蚕茧”价格也在一年中暴跌了一半。

就农家来说，此现象令生产费无法回收，东北地方等贫困到穷途末路的农家非常多。由于在农地解放前又以佃农居多，生产费还包含了租地费，也令越是零细耕作的农家所需的成本越高。昭和四年，农家的平均所得是 1326 圆，昭和六年降至 650 圆。昭和六年二月农林省公布，全国的农家负债是 40 亿～50 亿圆，相当于每户都有超过千圆的负债。换言之，农家的举债等于是上班族的年收入。由于生活穷困，秋田县内的 17.4 万名孩童中，有 2.8 万人以上无法带便当上学，遂出现所谓的“无餐学童”。山形县的某村落，457 名女孩中有 50 人被卖作娼妓等，诸如此类的悲惨事件日日出现在媒体报纸上。被逼得走投无路的佃农遂要求地主减租，于是各地兴起了“佃农抗争”。然而，就连地主的收入也锐减，根据秋田的横手税务官的调查，昭和五年年薪 1 万圆以上的富农、大地主有 72 人，到了昭和六年仅剩 19 人。

讽刺的是稻米价格暴跌，促使农村陷入困境，相对的，对都市上班族家庭的消费者来说却是好事一桩。原本占去消费支出的两成，也就是每月必须消耗 56 公斤的稻米，等于平均 10 公斤下跌 2 圆，想必都市家庭非常期待这样的“价格波动”。

昭和五年秋，经济评论家高桥龟吉针对“日本的农村经济，再这样下去恐怕被迫走到消灭殆尽的地步”，批评“以悲惨的农民生活为垫脚石，无忧地取得价廉的农产品，根本是恶魔才做得出的事”。尽管如此，大多数的都市居民仍满心享受稻米价格下跌带来的好处。（昭和五年十一月号《妇人公论》，《妇女与农村经济的现状》）

农村支持官吏减俸

整体而言，对上班族也并非无损失。在第一章也提及了，昭和四年日本政府的官吏减薪政策受阻，昭和六年再度提出，结果顺利进展。其背景渊源，实为地方农民阶层强烈支持官吏减薪政策。昭和四年推出的减薪，报纸媒体本对官吏抱着同情的态度，可是在农村读者群等的反对下，转而支持减薪。就连内阁官僚也为了选举，推断“由于地方农村积极主张减薪政策，此时断然执行，反而有利”。结果，政府执行与昭和四年相同的月薪百圆以上官吏的减薪政策，反对派则败退（昭和六年六月号《改造》，水木栋平《减俸骚动记》）。终于，明治以来年薪 1.2 万圆的内阁总理大臣，变成年薪 9600 圆，各省大臣则从 8000 圆降为 6800 圆。官员方面，各省局长级从 5200 圆降至 4650 圆，各省最元老的课长由 4500 圆调至 4050 圆。

尽管薪禄减半，但就悲惨到不得不卖女儿的农民看来，这种程度的减薪其实仍不痛不痒。因农作物供给过剩而穷途末路的农村，在昭和九年发生了历史上的大欠收，农民生活更是雪上加霜。东北六县的女子远赴外地工作者达 5.8 万人，其中又以娼妓等色情行业居多。昭和一桁的东京犹如卖春王国，其最大的“供给源”即是来自农村的女性。另一方面，就“需求”的都会上班族来说，即使月薪稍稍调降，仍还有年中与年终奖金支撑着。根据昭和六年年末的报纸，尽管经济不景气，阪神、阪急等关西私铁犹有两三个月的奖金，日本邮船也有一个月至三个月奖金，三越

也以“微薄的额外津贴”发放两个月的奖金。（昭和六年十二月十一日《神户新闻》）

书写《昭和货币物价史》的阿达义雄，引用了大阪市役所的《昭和大阪市史》，写道：“当时（昭和七年左右）物价大跌，日日的生活因此显得安逸……1 圆，可以看电影，吃鳗鱼丼饭配一瓶酒（180ml 为 20 钱），再搭市电返家。”那时，便宜的电影院三 40 钱，在东京鳗鱼丼要价 50 钱左右，在大阪则与电影票同约是 40 钱左右。再加上喝杯 20 钱的酒，市电票价 7 钱，算起来 1 圆以内即能解决。

山本七平也回忆：“往后母亲常说：‘那个时候生活过得最惬意。’收入不变，但只要食费、治装费下跌，对主妇来说就是最快乐的事了。”山本的父亲从事不动产工作，当时宴请了事业失败的东北地方客户吃饭，对方说：“吃了这顿饭，我不得不说，要是故乡的百姓见到这里这样的生活，恐怕是要闹出革命。”对方是农家的三男，为免学费而就读士官学校，最后却又因军费紧缩而遭到裁员，成了退役军人。小学时的山本犹记得父亲拿出这段往事来说教，只是没想到就连“明治型素质坚实”的山本家生活，竟也差点诱发东北农村闹出革命。（《昭和东京物语 2》）

总结来说，只要未遭到裁员，比起通货膨胀，都市的薪水阶级更乐见通货紧缩。纵使高桥龟吉训斥“想想农民的苦处”，但除了少数上班族家庭响应救济农村，除此之外似乎也未能做些什么，对农民来说不公不义的情结愈演愈烈。

因而许多都市出身者回忆，战争期间疏散到地方时常遭欺负霸凌，即使战后到农村购物时还被骗买了劣质的和服。战前农民对都市居民究竟怀着何种心情，恐怕是他们难以想象的吧。

3 “居住”的苦战恶斗

解析妇女杂志的“房租调查”

一如第一章所述，战前的家庭，八成以上是租屋，房租常是家庭收支中最大的支出之一。当时的观念，房租约占收入的三分之一左右，或压低到五分之一。昭和四年十二月号的《主妇之友》，刊载了读者问卷的“房租调查”。

三房的租屋，最高月租 32 圆，最低 13 圆。收入比最高达 37%，最低是 7%。租金最贵的 32 圆租屋位于东京市外灌野川（现在的北区），租屋中的一对夫妇与孩子 3 人享有共八张榻榻米、六张榻榻米、三张榻榻米大小的房间。尽管他们很满意屋子的日照充足，可是占月薪的 37%，对这个月收入估计不到 90 圆的家庭来说的确相当吃紧。租金最低 13 圆的位于仙台市的郊区，计有八张榻榻米、六张榻榻米、六张榻榻米大小的房间，外加浴室。虽然交通不便，但附有百坪的农地，是东京望尘莫及的。

四房的租屋中，最高月租 50 圆，最低 15 圆。收入比最高达 32%，最低是 9%。租金最贵的 50 圆租屋是四谷信浓町的计有八、六、三、二张榻榻米大小的房间，外加浴室、庭院，共有 10 坪。日照充足，下水道完善，交通也便利，不过租金的确偏高。包含女佣在内的5人家庭，房租占月薪不到三成，看来是月薪160圆以上的高级白领阶层家庭。最低的是居住在奈良市的夫妻2人组，不过并未刊登出详细情况。横须贺的六、六、三、二张榻榻米大小房间之租屋，外加广阔庭院，月租26圆，占收入的15%，居住的是海军军人的家庭，据说他们之前居住在广岛县，同样的房间数大小，十八九圆即能租到。

五房、六房的话，房租当然更贵，不过意外的是也有便宜的租屋。五房的最高月租80圆，最低22圆。在收入比方面，最高27%，最低是11%，反而不见吃紧。在东京市外的大久保（现在的新宿区），共计八、六、六、四点五、二张榻榻米大小的房间，外加浴室，月租45圆，夫妻与小孩共4人，若房租占收入的16%，则表示是月薪280圆左右的高收入群。横滨几子的租屋是五房月租35圆，4名家族成员，占收入的25%。若是在东京，同样的间数，恐怕索价70圆。

六房的租屋，最高月租70圆，最低35圆。收入比方面最高27%，最低12%，似乎不显得紧缩，想必是有相当收入的人才租得起这样宽敞的房子。麻布的八、六、四、五、四、三、二张榻榻米大小房间之房屋，外加浴室，房租46圆，虽说屋龄老旧，仍有其价值。坐北朝南，而且庭院广阔，占去生活费的27%，所以租屋者的月薪应有170圆左右。郊区的话更便宜些，千叶松户的八、六、六、四点五、三、二张榻榻米大小房间的租屋，附有厨房与置物间，占地70坪的新建物，月租35圆。

如此看来，4 人以上的家庭想在东京都内租到 15 圆或 20 圆的宽敞房子，似乎是不太可能。况且当时的押金是房租的四倍，月租 20 圆的屋子，就必须另外备妥 80 圆的押金。另外，前述的租屋都出现了两张榻榻米大小的房间，就现在看来，实在太过狭小，究竟这么窄小的房间作何用途？原来是“多余的房间”，常作为女佣房或仓库使用，犹如现在的“清洁室”吧。月薪百圆以上，尽管仍租得起月租 30 圆以上的四间房屋子，但家庭收支不免紧迫。

向田邦子的小说《阿吽》，写的是昭和十一年的东京，书中主角一家人的租屋，也是刚好是月租 30 圆。于是小说中出现了“要是能多留个 5 圆的话”的对白，不过身为四十岁左右的制药公司的部长阶级，这样的租屋是恰如其分。其租屋位于芝白金三光町，属二层建筑，“六张榻榻米大小的用餐间，八张榻榻米大小的客厅，然后紧接着是六张榻榻米大小的主卧室”。玄关旁四张半榻榻米大小的房间则属于与主角相恶的父亲。就读女校的女儿在二楼的四张半榻榻米大小的房间，另一个三张榻榻米大小的房间则兼作置物间。另外，附有厨房、浴室，所以堪称是五室一厅一厨的租屋。

不过，《阿吽》出版不久后即进入战时体制，通货膨胀造成房租高涨。尽管薪水配合调升，但如第一章所提及的加太，他在昭和十六年结婚，成为一家之主，在葛饰金町以月租 40 圆租了“立于安普请草原的独栋三间房屋子”。战争末期的昭和十九年结婚的山本夏彦，在千叶的柏租了新建的屋子，租金 28 圆，之后又调涨为 35 圆。不管如何，昭和初期，人们都还勉强租得起山手线周边的房子。

以房租收入弥补年金的缺失

那么，房东又是什么阶层的人士呢？根据战前的家庭收支调查，就业工作以外的收入中，又以房租收入居多。一间公寓的房贷就让我们人仰马翻了，不免思索拥有房屋可租的人真的那么多吗？然而在年金等尚未周全的战前年代，当起房东可是老百姓最有保障的养老对策之一。作家佐多稻子在昭和三年租屋时写道：“房东是退休的市电驾驶。当时，市电驾驶常拿退休金建屋以出租，那是当时普遍的现象。”（《价格的明治、大正、昭和风俗史》）可见房东也未必是富有之人，只是为求房租能作为养老金或部分的生活费，因而规定严格，降低房租也不是那么容易的事。现在的东京都北区上十条，拥有六张榻榻米大小与三张榻榻米大小两个房间的长屋，月租8 圆。年轻的左翼作家佐多当时尚无稳定收入，就连 8 圆的房租也无法按时缴纳，他回想说：“既是如此这般的房东，让付不起房租的我也愧疚难耐。”

比起十年前，也就是景气的大正七年左右，报纸的标题尽是“所到之处皆寻觅不到租屋的东京市”，陷入一屋难求的时代。房租在数年间高涨 30% 以上。关东大地震（大正十二年）后住宅不足，引发空屋难，灾后趁着地区重整，许多人遂将房租提高到两三倍。不过持续到昭和初年的不景气，令人纷纷往郊外迁移。大

张贴租屋告示的空屋

正九年，原本超过217万人口的东京市，在地震后的十四年，人口大量流出，减少到200万人。昭和五年，约207万人，再也不如昔日。由此，与东京市邻接的荏原、丰多摩等五个郡的人口，从大正九年的约118万人，到昭和五年约是290万人，十年间激增了2.5倍（《东京百年史》）。顿时市内空屋倍增，房租下跌。佐多稻子也写道："那是个只要稍微留意，就能发现张贴租屋告示的年代。"

昭和三年至四年，各地地主纷纷兴起房租下降运动。就在民政党滨口内阁的紧缩政策持续推进的昭和四年十一月，应深川的民众自治会之降房租要求，再加上市会议员也出手协调，房租得以下降两三成。在浅草，由于拥有四十户租屋的市会议员率先主动下降两三成，附近的屋主最后也不得不跟进。该年十月十四日的《东京朝日新闻》，甚至大幅报道本所的房租下降说明会。会中决议“房租立即下降三成”，“地价恢复震灾前”。由此看出，屋主也深受不景气的影响，不过此举却令那些拿出毕生退休金建屋租屋以防老的小房东不得安稳。

在人口急增的郊区，一时之间供给的需求大幅上扬。昭和七年东京府的住宅调查显示，东京市近郊的五郡五十四町村的房屋总数约 61 万户，其中 76% 是租屋，不过若包含租店铺等在内则有近 4 万户是空屋。在此调查中还发现，有八成的租屋月租不到 25 圆，平均月租约是 18 圆 91 钱。空屋中有 22% 的月租在 20 圆以下，34% 在 15 圆以下，16% 在 10 圆以下。而且，只要交涉讲价，房东几乎都会降价。（《东京百年史》）

放弃出人头地的“骇人守财奴”

尽管如此，拥有“租屋”仍是资产累积的最佳手段之一。胜本清一郎在昭和十年十一月号的《中央公论》中写道：

> 根本还不到军需品工厂的程度，不过是小小的一家工厂，身为老板的这些劳工竟都存钱建屋，准备靠着收房租

过活。就算他们身为房东，还是继续住在老旧的长屋里，关于房租的缴纳，比起那些职业的房东，他们显得更加费心谨慎。尽管如此，白天去工厂，他们还担任某某工会或分会的干部等，也不是基于爱国心，纯粹是生计上的安排。而且不仅限于收入佳的劳工。月薪60圆的劳工，十年内存款750圆，然后返乡购买750坪的土地，这等类似妇女杂志里的成功故事，多得不胜枚举。（《现代微薪上班族论　像个成人的人们》）

胜本又继续探究，"同一工厂里的员工，却不是这样的。"换言之，白领阶层并非这样存钱。大正时代，尤其是战前景气时，制造业的蓝领阶层比起白领阶层，薪水更加优渥。"那些白领阶层的员工不愿住在老旧的长屋，而他们女校出身的妻子为了偶尔的时尚流行花钱，这些生活习惯上的理由也都让他们存不了钱。"胜本断言道："先不管那些从双亲处继承遗产的人，即使身在丸之内附近的大公司，愿意存下月薪或奖金购买土地房屋者，实在少之又少。恐怕数百人之中，才能找到三奇人的一人，简直是稀罕之事。也因为他们的存在，不难看出上班族根本难以出人头地，或是本人早已放弃出人头地的打算。"话说回来，上班族的资金运用，据说还是偏向股票投资。

昭和十一年的《实业之日本》，刊登了几个实例，果然类似胜本所指的状况。二十年内建了二十间租屋的T省官吏，当时三十八岁，每月仅领70圆的微薄薪水，但他为了积蓄视一切为他物，甚至不顾他人。十八岁，大正中期他从新潟县来到东京，在郊区的马込以月租3圆50钱租借了像是农家仓库的房屋，一日仅食两餐，而且还是白饭撒上芝麻这般而已。绝不与人交际应酬，也无人登门造访。燃料靠的是办公处带回的纸屑，或是路边刚好捡到的木片。这样的生活，让每月生活费仅需10圆，因而五年内存了2000圆，再加上离开家乡时身上的数百圆，他就这样做起高利贷借款给同事，彻底发挥了“骇人的守财奴”之本色。到公家机关任职十年，也存了5000圆。一间建筑费500圆的便宜房屋，他就建了五六间。为了不做赔本的生意，所以租借的对象仅限同事，月租15圆。第十五年又增加了近十间同样的租屋。所以总共拥有二十间的租屋，租金突破1000圆。这等情境犹如胜本所描述的“本人早已放弃出人头地的打算”，的确是奇人无误。

除了这个案例外，《实业之日本》又介绍了某大厂商公司的上班族。他特地以每月40圆租了共八房的豪宅，自己与家人挤在其中一间，其余的房间则租给同事以赚钱，最后甚至存钱盖了六间的租屋。由此看来，一般人实在难以跟上奇人的脚步。既然放弃了出人头地，“累积财富”等于变相成为此阶层的执着目标之一，除了“守财奴”以外，似乎也无他法。（昭和十一年五月十五日号《实业之日本》）

不过，当时的住宅多半是借地而建。根据谷泽永一的说法，诗人小野十三郎继承了父亲的遗产，因而在大阪拥有数十间的租屋，昭和二十年三月遭到空袭全数烧毁，由于是借地而建，什么都没有留存下来（《谁是卖国贼——现在是制裁“精英之罪”的时候》)。不仅小野十三郎，佐多稻子在十条租屋而居的房子也是，就连“守财奴”官吏的租屋也是。因为不是自己的土地，遇到空袭烧毁时，就是一夕全无。

购屋较划算吗?

战前，一般的上班族真的不愿意买房吗?

昭和十三年十一月十五日号的《实业之日本》刊出“究竟买房划算？还是租屋划算?”的特辑，想必是当时经济条件充足的上班族仍不愿屈就买屋吧。不过这个标题，可以说是“老旧却又不断浮现的新问题”，直到二十一世纪，报刊仍不时出现究竟买屋还是租屋较好的话题（2003 年 2 月 28 日号《周刊朝日》)。换言之，惊人的是，过去八十年来，日本上班族对于住居的观念，丝毫无改变。

昭和十三年的特辑中，内容是某公务员从工作处以十五年为期限，借了 1700 圆，然后兴建共有八张、六张、四张半榻榻米大小房间的房屋，每月偿还约 14 圆，昭和十一年终于还清贷款。当时他有三个就读中学的儿子，月薪 80 圆。为了还清贷款不惜戒烟，就连玄关前的松树也是在廉价的摊贩购得的。正当他还清建屋款不久，由于道路建设而被迫迁移，因而获得赔偿金，他又拿这笔钱兴建房屋出租，每年有近千圆的房租收入。因此，比起以“人类一知半解的智慧”来争论这个问题，还不如说“问答皆无用，就是买屋吧！”既然要购屋，那么接下来头疼的考量则是“搭电车五六十分钟才到的市区”或是“距离车站七八分钟”，其实与现在考虑的问题无异。

换言之，这些争论，在大正时代即存在了。大正五年十月十五日号的《实业之日本》，即召集银行或不动产关系者讨论关于“租屋或购屋”的问题。第一次世界大战带动的经济景气，也使得不动产变得炙手可热。银行方面主张“既然利息低，不如购屋”，显示从当时开始有了收益现值法的观念。既然要出租，那么便宜的房屋即可，算是当时普遍的想法，但若是自己住的房屋，70 坪最少需要 2800 圆的建造费，中等程度则需 3500～4000 圆以上，一般的 7000 圆，略微豪华的将近 2 万圆。

住宅的建设费用，从大正时期至昭和一桁几乎无太大的变化。作家井伏鳟二，于昭和二年在东京荻洼（当时的井荻村）借地建屋，当时的费用“若是出租的房屋，1 坪 45～50 圆即能打发，材料用的是美国建材。若是自住，1 坪 70 圆，虽不是全桧木，倒也是日本产的木材，天花板用的是冬青卫茅，屋顶是三州瓦，还附上了大门，并种植石楠或黄杨作为围墙”（《荻洼风土记》）。1 坪 70 圆的话，70 坪的房屋，建设费用约 5000 圆。在大正时代，算是普通以下的等级。换算现在的价值约是 1 千万日元。当时进口材质便宜，反而是日本产建材较为高级。

井伏鳟二经朋友父亲介绍找到了工程的工头，没想到工程期间工头赌博输钱竟人间蒸发。工程预付金已由朋友的父亲付清，交涉的结果竟是拿不回预付金。最后只好向高利贷借钱，总算得以继续建设工程。不过落成后，与邻居的“安稳大谷石为基底再架上桧木的根基”相较之下，自己的屋子显得寒酸。基础工程更是惨不忍睹，“切割成五寸角或六寸角（一寸角 =3 厘米 ×3 厘米）的方形大谷石，像被随便埋进土里。（中略）在看来像是租屋等级的房屋根基上，用的是铁杉的粗劣品。而且，无论是八张榻榻米大小的房间或六张榻榻米大小的房间，地板底下的工程皆敷衍了事，由于删减了根基的柱数，坐卧时只要膝盖稍微震动，地板就发出咚隆的声响”。能把气愤之事写得如此令人发笑，恐怕也只有井伏鳟二了。也看出了，当时租屋的建造工程是多么轻忽怠慢。

前面提及的“守财奴”的“T 省官员”，虽然现在已经无法得知平均一间租屋的建筑费用，不过若假设是 500 圆，换算现在的价格约是百万日元。想必是比井伏鳟二的那间房屋更惨不忍睹，其居住的质量，不免令人心惊。尽管如此，依旧有人租屋而居。

昭和初年的不动产价格

在此就从昭和初年的报纸广告了解当时不动产的价格。昭和三年的报纸刊登着“近目黑车站，面向商店的二层房屋”是 1550 圆（昭和三年四月），“西武线田无车站下车，附有 50 坪的土地所有权”是 1000 圆，“中延车站下车的新建二层房屋”总面积 26 坪，1000 圆。想必这些都仅是借地而建的房屋。

到了昭和五年，“西荻洼车站徒步确确实实四分钟”为 1 坪 30 圆，“高圆寺车站徒步确确实实四分钟，道路瓦斯自来水完善”

为1坪29圆。前者约50坪至三四百坪，可供自由选择坪数，换言之百坪的土地仅约3000圆。若建造30坪的房屋，每坪建造费70圆的话，必须再支付2000圆，所以总价为5000圆。是百圆级的上班族之年薪的五倍左右，通过住宅贷款，一般十年或五十年即可还清。不过，仍需要两3000圆的头期款。2016年的公告地价显示，高圆寺南三丁目每坪约150万日元左右，相当于上涨了约五万倍。若是百坪的土地，价值1.5亿日元，自泡沫经济瓦解后，已不是一般上班族负担得起的价格了。

郊区较为便宜，“邻近东海道线户冢车站的分块出售地每坪2~7圆起”，“小田急线云雀丘每坪2圆起”，“浦和与野车站徒步十三分钟，高台雏坛每坪3圆”。如此，土地百坪总价二三百圆，若是建造一间价位不高的房屋，总共花费2000圆即可，对于百圆级的上班族也许是办得到的梦想。到了2016年，公告地价显示，横滨市户冢区户冢町每坪五六十万圆。当时的浦和已变成现在的“埼玉市”，随着地区不同每坪从50万~100万日元以上不等。战前地价较便宜的郊区，有些地方竟也高涨了三十万倍以上。

在稍有规模的企业工作的上班族，只要愿意，在当时几乎都能买得起房子，但是那时的银行不像现在，并无三十五年贷款等的优惠补助。由于平均寿命短，上班族的信用等仍不及银行的标准。昭和十一年的《实业之日本》（七月一日号），刊登了某中小企业上班族的案例。他每月以7圆20钱借地40坪，花费1200圆盖了一间拥有八张榻榻米、六张榻榻米、三张榻榻米大小房间的房子。自己出资仅百圆，向银行借了三年为期500圆的贷款，剩余不足的部分则向舅妈骗说“拥有资金600圆”，以取得信任而借到钱，终于得以建屋。包含地价在内，每月须偿还23圆81钱的贷款，但他认为好过付房租。

郊区住宅的出现

以个人之力建屋果然非常困难。关东大地震后基于提供优质住宅的目的，出现了同润会等团体，昭和年代的社会终于开始意识到应该解决上班族的居住问题。大正十年实施了住宅工会法，上班族等可以组织工会，以低利贷款共同购入土地，进而建设住宅。

昭和六年的《妇人公论》一月号，刊登了《百圆级上班族月付建屋法》。内容首先列举如何利用住宅工会法，7人以上组成工会，即能从各府县政府处享有年息4%左右的低利贷款，期限二十年，大家即可共同购入土地建屋。

除此之外，也有接受各府县公家资金补助的建筑工会，可向这些单位借取住宅建设资金。东京的建筑工会之融资限度是1人3000圆，以25坪上下的住宅为限。不过利息偏高些，为7%～7.5%。借款千圆，连同十年的利息，每月要偿还12圆左右。

再者，东京近郊的“东京建物公司”“小田原电铁”“日蒲电铁”等也有分售住宅，但除了同润会，这些单位大约需要“每年一成的利息，加上若干的手续费”。总而言之，最推荐的是同润会，月付住宅的利息是4.8%。“以千圆的贷款来说，期限十五年的月付金是7圆90钱，二十年则是6圆58钱，以不可思议的价钱即能拥有自己的家。不过，同润会仅限于东京府内，我们希望有朝一日能扩及日本全国。”就连《妇人之友》也大力赞赏。

同润会以低价格提供备有完善电力、瓦斯或自来水的住宅，并采用分售方式，因而一举成功。同润会的公寓固然有名，其郊外的分售住宅采用合理隔间的标准规格建造，也在建筑史上颇负盛名。不过，终究无法扩及全日本，在统制经济下逐渐被纳入住宅营团。

昭和六年，以上班族为分售对象的洗足台第一分售地，在占地约3000坪的用地上兴建了25户，相当于1户的总面积是121坪，屋内面积是24.5坪。以现在看来，的确是令人欣羡的宽广，不过战前的郊外住宅多是这般的形式。每坪的建造费用90圆，而且不偷工减料。在东京市内租地费每坪20钱的年代来说，同润会月付8钱、期限二十年的契约，的确是非常划算。由于当时的洗足台或雪谷是多农地的郡部（荏原郡），大量购入土地以降低成本，的确是可行之事。大正末期至昭和初年期间，目黑蒲田电铁（现在的东急多摩川线）、东横线、大井町线、池上电铁（东急池上线）等私铁相继通车，昭和五年横须贺线电气化，郊外的交通网路急速发展。若是洗足，从最近的池上电铁的长原出发，去到山手线总站的五反田，甚至不到十分钟的时间。尽管如此，对当时来说或许仍属遥远，所以同润会针对购入分售住宅的户长，提供从长原至五反田的免费乘车券之优惠。

昭和六年一、二月，通货紧缩情况加剧，然而同润会的洗足台住宅参观会，四日期间就有5000名以上的参观人数。昭和八年的雪谷住宅，分售年限长达十五年，使得月付更加轻松，仅19户，竟出现了529名申请者。不过，申请资格为月薪75圆以上，相当于当时大学毕业生的初任职月薪，并且需要"以缴付所得税30圆以上的东京横滨居住者"作为保证人。因此看来，付不起房租而不断搬家租屋的佐多稻子或井伏鳟二，依旧买不起同润会住宅。

4 借贷——战前的上班族金融

横行的恶质高利贷

无论是教育费、住宅费或妻子的和服，都需要大笔的钱。嫁女儿时，即使是年薪1200圆者也要耗费700圆。因此，当时的上班族也须凭靠借贷。首先是向亲兄弟借钱，但也无法长久依赖。

战前的社会，提到借钱先想到的就是高利贷。报纸上"限军公教，无需保证人，秘密低息"，"无需保证金，当日可借"的广告，就属此类。利息超乎想象，收款的方式也逼人太甚，犹如现在的"地下钱庄"，让为钱所苦的人更陷入万丈深渊。昭和六年末的报纸刊登出这样的标题："彻底检举引发中产阶级以下债务人痛苦不堪的恶质高利贷金融业者"。

恶劣的金融业者之手法，始终未改变。受到“无须担保，轻松借款”广告词吸引，去到业者处，得到的答案竟是“现在不可能有无须担保的信用贷款”，终究还是需要担保贷款。若是一个月或两个月的短期融资，业者常以“担保物件调查费”“公正证明书费用”等名目收取费用，最后明明借了百圆，拿到手的仅有60圆。而且，日息30钱，又以复利计算，借了百圆，十年后就得偿还百万圆。收款时，高利贷业者故意身为债务人，将亲属等列为债权人，硬是采取“第三者执行”的手段，让借钱者的财产沦为抵押物，非得榨得身无分文。（昭和六年十二月十一日《国民新闻》）

作家内田百闲是法政大学与陆军士官学校的教授，尽管是高薪的白领阶层，却频频借钱度日。他以借钱为题书写了许多小品文、散文，例如《地狱之门》《债鬼》等，几乎都是基于作家本人的真实经历。

作品《地狱之门》，文中应该是百闲本人的“我”去向高利贷业者借钱。进到名为“田岛”的家中，首先出来接应的是宛若妻子的女人，询问有关职业等的种种问题。随即被带到二楼与屋主见面，对方说为了确认身份得向就任的学校进行电话查询，又说需要印鉴证明，总之主角被弄得心慌意乱。与现在的高利贷业者不同的是，在自宅做起生意几乎是战前的普遍现象，文章的字里行间流露出主角初次向高利贷业者借款的紧张。

这个“我”想借300圆，两个月内偿还，田岛的条件是日息35钱。300圆的利息等于是一日1圆5钱，两个月就是63圆。一年的利息相当于 380 圆。对方又说公证文件费用需 5 圆，先扣去共计 68 圆，最后借 300 圆，实际只拿到 232 圆。合约上虽写着“年息一成二分（12%）”，其实是为了应付万一告上法院，实际上收取惊人的高利息。在当时算是违法行为。现在的融资法规定利息上限是一年 29. 2%，若是大户的金融消费者还能享有更低利率的借贷。由此对照，不难想象高利贷无法无天的程度。

这个“我”，第一次的借贷总算还清，但在不断的借贷中终于延迟偿还，期间田岛病死。他的遗孀也来催债，此时其他高利贷业者出面愿意借钱且作为“多重债务人”，逼得主角陷入仅能勉强支付利息的状态。最后不得不找律师到法院寻求和解，成功得到仅需支付请求金额。尽管如此，仍必须每月支付百圆，想必是利滚利到相当的金额吧。

就连定期车票也需借钱支付

因此，纵使手头紧迫，上班族对于高利贷还是怀有戒心。当时部分的银行察觉到此商机，昭和五年安田财阀系的日本昼夜银行开始推出无须担保的“上班族金融”。以二十五岁以上已婚的上班族为对象，融资额在 50 圆以上千圆以下，期限是一年。说是无须担保，仍需要上司或同事等两名保证人。由于是初次尝试无担保融资，银行方面本来冒着被倒债的风险，实际推行后一扫最初的疑虑。看来无论是哪个年代，上班族都不轻易铤而走险。

实施一年后，昭和六年昼夜银行整理归纳融资业绩发现，最多的是为了借钱偿还以前债务的“旧债偿还”与“医疗费”，各占了220户，其中“旧债偿还”的金额高达81210圆。所谓的“旧债偿还”，来者多半是为收拾向朋友们东借西借，最后累积成的巨款，或是清算向高利贷业者的借款，果然正中银行的目的。医疗费的借贷也有近61000圆，不仅是本人，家人生病时也急需用钱，尤其痢疾、肺炎、结核病等疾病在当时难以治愈，况且是社会保障贫乏的战前时代。另外也有基于“促进家庭经济”的借贷，换言之是需要副业的资金，或许是开个麻将馆，或许是买个兼职用的缝纫机，户数不到35户，不过借出金额达15000圆。

其中当然也出现了“教育费”“丧葬费”，但没想到也有“购买定期车票”“搬家费、押金”等不可思议的借贷理由。如第三节所述，当时的押金是房租的四倍，少说也有七八十圆。依此理由借款的金额从50圆至300圆都有。以购买定期车票为理由的借款额是50～70圆，看来手边连这些钱都凑不出来的上班族还是大有人在。或是说当时的公司并不支付员工的交通费，或是借了挪作他用。

从职业来看，银行、公司职员有427人，政府官员299人，学校教员120人，其中的政府官员又以“东京市役所”最多。这当中也出现为“在旧书店发现绝版书立刻购买”的借贷学者。

年收入方面，千圆以上5000圆以下者居多，尤以3000圆至4000圆阶层为多数，换言之是月薪300圆上下的高收入阶层。这些人的借贷当然不会为了购买定期车票或租屋押金，那又是基于何种理由呢？由于需要上司为保证人，所以应该也不是外遇等不成体统的急用。莫非是像内田百闲那般患上了借钱上瘾症而必须整顿以前的借款？或是为了摆阔气不惜重金筹办女儿婚礼而走向借款？

然而，银行并不乐见“上班族金融”。毕竟一年的融资总额18万圆，以8%的利率计算，利息收入仅不到15000圆。扣去存款成本的净收益，若为5%，一年仅盈利7500圆，一如当时杂志所言，“若需三名职员经手，一年7000圆的营收，根本不敷人事成本”。（昭和六年五月十五日号《实业之日本》）

第三章

就职前

小泉癸巳男的《昭和大东京百图绘》中的第五十六景“早稻田大学街”
（昭和九年作品，摘自前述的《版画　东京百景》）

1　学历的断层

中学毕业算高学历

本章试着捕捉战前某典型日本人的一生。不过战前的学制或学历结构与现在大不相同，为了更加理解战前的上班族，首先必须从当时的学校制度说起。另外，尽管战前的平均寿命是五十岁左右，但许多人年纪轻轻即患结核病等而过世，因而并不是多数人都能活过五十岁，总而言之比起现在，当时的人寿命较短。

大正四年，日本的义务教育就学率高达 98%，中等教育就学率则降到 20%，高等教育就学率甚至不到 1%。战前的义务教育，一般小学是六年制（1907 年以后），继续就读五年制的旧制中学或高等女校等中等以上学校者实在少之又少。一般小学之上，还有延长型的二年制高等小学，升学者约有六成以上，不过高等小学毕业后，绝大多数的人从事农业、或协助家里的生意、或成为商店的学徒等，开始工作赚钱。过去的人认为小孩就是要快乐玩耍，战前的孩子多半这样长到十岁左右。到了小学高学年，基于生活环境，有些孩子不得不向现实低头。如第一章加太晁司的回忆，每月 2 圆学费的高等小学，对贫困的家庭来说有时依然负担不起。

到了大正年代，吹起国民教育风潮，于是增设中学校，因此昭和五年中学教育就学率攀升到36%，战时体制下青年学校也义务教育化，所以在昭和十五年就学率到了46%。尽管如此，现实生活中仍有许多家庭需要孩子外出工作挣钱。

因此，小学毕业后仅有二成至三成的人进入旧制中学就读，毕业后即算高学历了。基本上，战前是男女分校制，小学毕业的男生可进入五年制的旧制中学或实业学校，女生则进入高等女校就读。就女生来说，除了升学进入女子高等师范、专门学校或极少数的女子大学之外，最终学历就到高等女校为止。部分私立大学也欢迎女生就读，不过仍是极少数的例外。男生从中学毕业后，选择较多，除了就业以外，若是升学大致分为三类。一是进入大学，所以进入有机会考取帝国大学的旧制高中或私立大学的预备科就读。二则是进入专门学校，例如高等师范、高等商业或高等工业、私立大学的专门部，可以从中学习到簿记、会计等实用性技能，或是毕业后即可从事技术人员或教师等工作。三则是选择成为军人，进入陆军士官学校、海军兵学校就读。

根据昭和初期的数据资料，旧制中学毕业生中有近四成选择就业，约10%～15%选择升入旧制高中或大学预备科，20%～30%到专门学校就读。选择成为陆军或海军者有1%左右。所谓的实业学校，主要是学习工业、农业、商业等实业学问，商业专门学校又分为甲种与乙种，实际上大多数的学校属于甲种。

大体来说，高等小学相当于现在的中学（当时不是义务教育），中学相当于现在的普通高中，甲种商业等的实业学校好比是商业高中或工业高中。以上的学历，就如同现在的大学。甲种商业学校毕业后可升至上级专门学校，不过人数非常少。

此外，超精英派在小学毕业后会选择七年制高等学校。在四年制的普通科（中学部）之后，比起一般中学的五年制，可以更快且不需考试进入旧制高中，但学业沉重。其中又以官立东京高中（战后纳入东京大学教养学部）、公立的府立高中（战后的都立大学）、私立的武藏高中之七年制，最是难考。另外，也有私立的七年制高中，而成城、成蹊或兵库县的甲南则类似现在的初高中直升学校。

与大学不相上下的专门学校

除大学毕业生以外，三年制的高等工业、高等商业等实业专门学校也被视为高学历。毕业之后在初任职薪水中可看到，尤其是神户高商（昭和四年升级为神户商业大学），其待遇仅次于帝大、东京商科大（现在的一桥大学）。山口、小樽、福岛等地方高商，也相当于私立大学水平。当时，中学毕业生升学时，多半选择旧制高中理科与高等工业学校，大正时期以后专门学校毕业生也可以参加考试，进入帝大就读，不过帝大学生多半来自旧制高中。

除常规的专门学校，高等师范（战后的教育大学、筑波大学）、高等农林、高等工艺、医专（医学专门学校）、外语、美校（美术专门学校，战后的东京艺术大学）等也算是专门学校，这些学校的毕业生之后多半从事教师（高等师范毕业生则可升任校长等管理阶层）、医师、药剂师等专门职业。

随着战后的学制改革，许多专门学校与旧制高中统合，变成了新制大学，其中也有如东京外国语大学等独立性大学。某些至今在政经界仍保有一定势力的地方国立大学，其实多半经历是旧制高商或高等工业的时代，建校的历史悠久。

所谓的私立大学专门部，则是指在早稻田、庆应、日本、明治、法政等私立大学设置的三年制综合专门学校，中学毕业后即可就读。占毕业生中的最多数，也是上班族的最大供给源。根据教育学者竹内洋的调查，昭和五年，大学与专门学校共 208 所学校中，私立专门学校占了约半数，学生数合计约 16 万人中，官立大学生占 17%，私立大学生占 26% 左右，相较之下，专门部则有 40%。不过，私立大学专门部毕业生的初任职薪资较私立大学毕业生低。（《学历贵族的光荣与挫折》）

帝大是绝对的精英

由此看来，战前社会仅有三成至四成的人继续升学至中学，而后这其中的一成才进入旧制高中或大学预备科就读。小学毕业后即工作挣钱者仍占绝对多数，反而读至大学者为极少数，而且两者间的悬殊差距，与现在根本难以比较。

竹内洋指出，回顾战前学历之断层，可分为三类。第一类，国民的七八成属一般小学或高等小学毕业的庶民，与中等学校或商业学校毕业生等中间知识分子间所形成的断层。第二类，中学毕业生与受过大学、专门学校等高等教育者之间的断层。第三类，专门学校或私立大学毕业生，与帝大毕业生之间的断层。

从竹内的调查发现，明治中期至昭和十五年，二十岁人口在旧制高中就读的比例，还不超过1%。旧制高中生几乎都升入帝大。旧帝大分别于日本的北海道、东北、东京、名古屋、京都、大阪、九州建校，共七所大学。昭和四年日本的五所帝国大学（大阪的设立于昭和六年，名古屋的是昭和十四年）毕业生共计不到4600人。此外官立大学方面，东京商大、神户商大、东京工大、东京与广岛的文理大（原是高等师范，皆于昭和四年升级）、新潟、冈山、千叶等的医科大，共计十二所（昭和五年时）。公立大学方面，仅有大阪医科等四所。各地虽有县立大学、市立大学，但与现在的大学迥然不同。

地方或外地的帝大、官立大学的毕业生，之后都成为医生、律师、教师等，是当地的精英，想必东京的大企业也主要录用东京帝大或商大的毕业生。由于属于少数，帝大是绝对精英，并得以领取高薪，一般来说，这也是当时社会整体的共识。对于这样的差别待遇，当然会引起私大、专门学校毕业生或受过中等教育者的不满，关于详细部分，后面还会详述。

由此可知，战前的学历精英集中在少数。因此，一旦进入帝大等的精英路线，就等于走入与外界截然不同的世界，他们所怀抱的自傲远甚于现在的东大毕业生。田中角荣成为首相的昭和四十年代，学历“小学毕业”者在日本社会依然不少，对于一般庶

在安田讲堂前谈笑的东京帝大学生

民来说，正式学历仅有“高等小学毕业”的田中可以赢过“帝大毕业生”而成为首相，简直是莫大的振奋人心，也因而获得民众的热烈支持。

2 过热的“升学考试”

“不要让孩子上他能力所不及的学校”

存在着深刻学历断层的战前日本社会，准备升学的家庭总是拼了命让孩子读到中学以上，若是可以，再拼命走上帝大升学路线。毕竟受过高等教育以及没有受过高等教育，在社会享有的机会或待遇截然不同。大正时期的学制改革，虽增设了中学与高中，却让升学考试竞争加剧。

昭和六年，文部省的发言人在报纸的访谈中说出了“不要让孩子上他能力所不及的学校”，实在是因为当时社会弥漫着热衷于“升学考试”的氛围。尽管这番发言看似贴心，其实刻薄得毫不修饰。“拥有不聪明孩子的家庭，还要强迫进到竞争激烈的学校，其实是值得思考的事。这样的孩子就算通过升学考试，去到优秀者众多的学校，总有一天还是会露出马脚，被发现不聪明的事实，最后受到优秀同学的排挤，成为边缘者，终生过着卑屈的生活。”（昭和六年九月十一日《东京朝日新闻》刊载的《不要让我家的孩子勉强升学，给准备升学教育的家长们》）

原本发言人想说的是，孩子到与实力相当的学校才能有所表现，可是或许为了浇熄“帝大一直线”的杀气，不得不说出这般露骨残酷的话。

事实上，由于升学考试严峻，中学入学考试题目曾脱离教科书范围，异常艰涩，甚至出现“本居宣长的居所，铃屋的长宽是多少”等荒唐题目。于是，文部省在昭和六年左右要求学校重视推荐信。但为了提升中学升学率，导致小学方面出现许多的“捏造推荐信”。昭和六年春天的入学考试，来自小学的推荐信写着“保证几乎所有的科目皆成绩优秀”，某小学送给府立中学的推荐信中，共 42 名申请者中有 36 名达到满分的“十分”。府立第一商业的 1700 名申请者中，推荐信写着“优秀儿

刊登于昭和十一年七月号《少年俱乐部》的广告
昭和初年时，出现了许多函授教育讲座的广告

童”且达到“九分以上”的有1500人。第三商业的1400名申请者中，“八分以上”的有1200人。于是“对于仅能容纳选出150名学生的学校来说，推荐信终究发挥不了作用”。结果，入学考试又恢复到以学力测验为主。（昭和六年三月五日的《东京朝日新闻晚报》）

最炙手可热的七年制高中

生于大正九年，战后担任东大德文系教授的山下肇回忆说，在东京，升学至帝大的最快且最准确之路径，就是就读七年制高中的普通科，例如官立的东京高中、公立的府立高中、私立的武藏高中堪称保证班的“御三家”。由于七年制中包含了四年制的中学部，比起一般旧制中学，得以早一年免试进入旧制高中，所以这些直升的学校在当时非常受欢迎。女生方面，最高等级的是女高师（现在的御茶之水女子大学）的附属高等女校，“仅收80名学生，却有千名优等生申请报考”。（《两人的昭和史》）

继最高等级的御三家与“御茶之水”之后，接着是府立一中（新制的都立日比谷高中）、四中（同户山高中）、高等师范附属中学（之后的东京教育大学附属学校，现在的筑波大学附属学校）。再下去有从二中直到九中的中学，此外也有府立中学或府立高女，私立的有麻布中学与开成中学，不过自从战前开始就是难关校。山下肇说考不上一中、四中的“不幸组”，则改去麻布中学或开成中学，庆应普通部或早稻田中学都算三、四流。山下肇与第一章提及的加太是远房亲戚，战后东京奥运之际，两人合著出版《两人的昭和史》，不过两人在战前其实有着截然不同的人生。

战后，庆大教授池田弥三郎从市立一中升学到庆应大学的预备科，他这样写道：

> 比起我们班上的同学还差的一高、浦和高、水户高等高

中的学生都纷纷踊跃申请报考名校，万一没进庆应的预备科，我不知会丢脸到何种程度，连接下来的五年级生都待不下去。当然，明明知道自己理所当然可以考取，发榜日却故意不去看榜。与两三位朋友，从早就到家附近的——说是家附近，但由于我就住在银座，所以充其量是到银座小巷里的喫茶店。家里差遣店铺的年轻佣人来找我，跟我说："少爷，恭喜啊，您考上了。"（中略）我轻声地说"是吗"，然后跟着朋友消磨时间，全神贯注观看玛琳·黛德丽的《摩洛哥》。（《酒、歌、香烟的青春记》，收录于《庆应义塾九十年　飘扬于三田的三色旗》）

诸如这般的情况，比起现在热门的庆应附属中学部或普通部等，当时却不是那样。就算考上麻布中学，若也考上了官立、公立中学，最后通常选择后者，因而当时有些学校多备取者。

创价学会会长的"补习班"

当时即存在着"补习班"，山下肇在小学五年级时曾至位于目黑，一位户田老师所开设的"时习学管"补习班上课。那位户田老师，就是之后创价学会会长户田城圣。山下肇推测，创价学会创始者牧口常三郎曾是白金小学的校长，所以户田才会在附近开设补习班。总而言之，当时志愿考取有名中学的小学生，约莫五年级即开始补习，每周日在青山会馆还举办模拟考试。母亲亲自接送，就连夏季的共宿补习也会跟着去，几乎与现在无异。小学的名校有，本乡城之、番町、青南、白金、青山师范附小等。出自默默无名小学的山下肇当时忐忑不安，他说："听说以前担任班长的优等生好不容易进入附近的府立八中（新制的都立小山台高中）。女生的话，有府立第六高女（新制的三田高中），另外有成绩优秀者去到府立四中（新制的户山高中），不过无人进得了七年制高中。"

结果，山下就读的小学，仅有他考取府立高中普通科。"这件事无疑带给父母巨大的信心，以为儿子从此可以一路平顺考进帝国大学。（中略）父亲得意得宛如飞上了天。"山下肇如此写道，由此可以看出在当时是多么不得了的大事。

"与战争比起来根本不算什么"

昭和时代的女作家野上弥生子，其次子在昭和二年也经历了七年制高中入学考试。她把当时的经验记录在《陪伴入学考试记》这篇散文里，对孩子的表现显露出喜忧参半的情绪，可以说是非常热心孩子教育的妈妈。

> 有时必须拥有不怕困难的勇气，以及企图征服困难的努力。幸运而成功的胜利感，也必然是少年时代最快乐的经历。"以前的人，在你这个年纪，已经要出征为国家而战，入学考试根本不算什么。"我也曾这样跟孩子说过。
>
> 只要入学考试办得毫无缺失，其实是最公正单纯的方法，相对于这个金钱与人情占优势的时代，它是免去那些混乱不

公平的唯一手段。（中略）尽管人们为了它所引发的悲剧而争论不休，那些悲剧固然令人同情，却不至于让人从此却步。再说那些因入学考试而招致的悲剧，如果家长可以坦然面对孩子的学习能力，给予温柔的忠告与训诫，就算去到与成绩相符的学校也心满意足，我觉得那些悲剧也不至于发生。

幸运的是野上的孩子最后考上理想的学校。身为母亲的野上认为，与“在工厂角落里一天工作十二个小时的孩子们，或是从小学运动场跑回田亩中工作的孩子们”的境遇相比，应付考试的苦根本不算什么。但被母亲如此说教，想必一个才十一二岁的少年不免也会有压力。野上的孩子们都非常优秀，最后都是东大教授。

这篇散文里还出现貌似商店“老板娘”也陪着孩子参与入学考试，与平时贩售物品的客气谦虚判若两人，简直气势凌人，让人难以想象“老板娘”竟是考生的母亲。由此不难发现，参加七年制考试仍限定于某特定的阶层。

靠关系与走后门

不过，本该与“金钱与人情”无关的入学考试，关于“走后门”的传言却不绝于耳。当时私立学校特别录取优秀的运动选手，根据池田弥三郎的说法，庆应在入学考试前会召集志愿入学的优秀中学选手，举行“特别讲习”。告诉他们要复习哪些部分，并且分发影印的练习题，据说里面即包含入学试题。池田大气地说：

“尽管听闻运动才能者有此特权，竟一点也无不公平之类的极端情绪。”

就连官、公立学校，也盛传“走后门”。山下肇对于自己考上的府立高中普通科如此评论：“学校内实在有太多名人的子弟，让空气中弥漫着走后门入学的腐败气息。（中略）之后某教授的不法行为被揭发，校长被迫降级，等于证明某些事实。不过当初也遭受背后藏镜人东京府会的不少压力吧。”看来，的确存在着政治家靠关系走后门入学。

明治时代之后，政府禁止老师利用课余时间担任学生的家教，或是收受家长的礼物。不过根据报纸的报道，对老师的“谢礼”依旧横行。女校等在期末考前夕，若有家长赠送老师 30 圆的邮票（商品券），别的家长肯定再加码到 50 圆，或是其他家长干脆招待老师看戏。然而在地方，农家赠送老师自种的蔬菜，则被视为美好风德。昭和时期，都市的家长热衷赠礼，由此也映照出贫富的差距，导致贫穷无法送礼的家庭，其孩子受到差别待遇而不愿去上学。（昭和六年一月二十九日《东京朝日新闻晚报》）

后来甚至索性只要取得毕业证书就好，因而出现黑市交易，可向某些学校购买毕业证书，昭和六年五月警方逮捕了贩售学历的商业学校职员。

3　就业难与知识阶层的没落

大学毕业生的就业率百分之五十

人们说原来如此啊

二十世纪的日本
出现许多学校这类的特殊机构
在那些高级的各种学校中的青年们
明白永无止境地用功读书
终究毫无结果
他们再也无法忍受
青春就那么稍纵即逝
干脆把椿油或鱼油抹在头上
尽情体验女人或酒或登山
还必须阅读德语或英语的书籍
明天则留存在这面墙上
送往下个世纪
（宫泽贤治《丸善楼上吸烟室小景》）

拼了命通过入学考试，终于进入大学或高等商业学校就读的学生，等待着他们的并非都是瑰丽美好的未来。因为世界开始进入即使受高等教育仍难以就业的时代。昭和四年，年轻的小津安二郎执导了知名电影《我大学毕业了，但……》，电影名字顿时成为当时的流行语。

昭和一桁面对的不仅是大正时期泡沫经济反弹下的长期通货紧缩，人力供给也出现了问题。大正时期的学制改革，造成高等教育机构激增，大学生、专门学校学生的人数增加，终于逐渐“大众化”。明治以来，身为绝对精英的大学生的地位出现了动摇。

大正八年左右以前的大学生，尚未受到就业难的波及。然而进入昭和，即使是帝大毕业生，仍有许多人挤不进三井、三菱等一流大企业。大学、专门学校毕业生的就业率，在大正十二年为82%，大正十三年到了75%，大正十四年则为66%，显现一路下滑的趋势。昭和二年是64%，昭和三年降到54%。来到昭和四年，就业率竟降至50%。理科虽还保持在76%，师范学校也仍有70%，但政治、法律、经济、文学等文科系毕业生仅有38%的就业率。以上仅是应届毕业生的就业率，加上过去数年来所累积的求职者或中途休学者，实际的就业难的形势更是严峻。

许多来自农村等地的学生，因无法继续缴纳学费，不得不退学，或是自预备科的高中毕业后也无法继续升学。

因银行挤兑而爆发金融危机的昭和二年三月，当时的评论家中岛健藏就读于东大文学部法文系三年级，他亲眼目睹学生们霸占赤门前的邮局。

> 会引发学生的暴动，实因为他们想传送银行挤兑消息，给家人知道。我并未看见自己认识的同学，不过那些学生脸色铁青，书写电报的手不住颤抖。想必都是些靠着家乡父母亲送钱才能读书的地方学生吧。（《社会档案　昭和社会百态史　战前篇》）

当时因银行破产而损失学费存款，不得不放弃学业的学生应该不在少数。

实业学校毕业生优于大学毕业生

昭和二年，实业学校毕业生的就业率是75%，比起大学毕业生更占优势。毕竟，高等教育机构的激增造成大学、专门学校毕业生过剩。不少大学毕业生隐瞒学历，做着单纯劳力的工作，而不是去一流企业。前田一的《上班族物语》，就讽刺地写出那状况。

> 就连最初非三井、三菱或知名银行不可的学生们，也载浮载沉拼命地有机会就抓。渐渐行情越来越差，就连收留的去处也没有了，（中略）不得不去意想不到的地方，才终于尘埃落定。

即使军需带动经济复苏，就业难依旧持续。昭和六年进入庆应大学预备科的池田弥三郎如此写道：

> 说到昭和五年，那是从未有过的不景气之翌年，当时人们谈的还是毕业后理所当然成为上班族的经济学部，或是月薪、就业的话题。但如今人们说的都是，今年（昭和六年）三月毕业的学生们，仅有半数找到工作，帝大毕业生初就任银行的薪资是75圆，庆应大是70圆，硬是少了5圆。(《酒、歌、香烟的青春记》)

池田在那样的氛围中，舍弃经济学部改读文学部。不过，那也是银座天妇罗老店“天津”的少爷池田才配得上的任性，普通的学生当然依旧是在就业的话题里打转。

“现在的学生不行了！”

社会人士不满年轻人的行为或思想，进行诸多批判的这等事，尽管并非肇始于当时，不过尚景气的大正时期，社会尚还包容多过责难。毕竟，大学生、专门学校学生在那时仍是少数的精英派。

大正七年，神户高等商业的毕业典礼上，校长河上谨一说道：

> 我在此诚心地告诉毕业生中那些分数不佳的学生们，所谓的分数，实在是毫无必要在意，过去在校的考试不过是形式上的考试罢了，从今往后你们要面对的这个社会的考验，才是真正的考试。在那场真正的考试中，永远不要忘记，曾经是学校考试中的劣等生，终有机会可以凌驾于优等生。（大正七年七月一日号《实业之日本》，《告诫走出校门踏入社会就业的青年们》）

当然校长的训话中免不了来一段符合时代的激励话语：“近年我国的实业界，不断急速成长，需要大学或商业学校的毕业生投入就业市场。”不过重点还是在强调实力主义，而不是在校成绩。

到了不景气的昭和二、三年，社会不再包容学生，变得越发严厉。前田一在《上班族物语》中，如此讽刺当时的学生：“过去的‘纵有名马，却无伯乐’，在今日的毕业生中，所谓的名马根本不存在，水平不断变差，皆属泛泛之辈罢了。”

> 第一是人品的低落。比起过去的学生，现在的学生知道

了太多不必要的事。（中略）不过，面对工作时却缺乏热心与诚意。（中略）他们多存在着依赖，缺乏开拓自我领域的气魄。

第二，教养出这般学生的现代教育方式也颇不恰当。（中略）学生不高兴时，就缺课不出席。更严重的，在考试前两周，开始到处借笔记，以应付考试。主任教授面试时，才终于现身的学生也不在少数。（中略）他们借了认真出席的学生的笔记，甚至拿去印刷兜售，再也没有什么比这更显得懒惰无耻的买卖了，而他们就出现在大学里。让那些出席上课的学生显得愚蠢，还不如去撞球间学习如何撞球，较为聪明伶俐。

感觉此批判仍适用于九十年后现在的学生。那个时代的大学生，出生于明治四十年代，对现在的年轻人来说，应该是曾祖父的世代。然而从当时开始，学生们就懂得缺席，靠着向同学借笔记、影印笔记才得以应付考试。战前这些社会的新鲜人，在战后经历经济高速发展，想必有些人还成为企业或政府机关的干部。但在当时的社会人士眼中，他们竟也是如此样貌啊。

“美式教育最好！”

前田一试图分析教育的结构。

在美国，若是学习经济学的学生，他们学习现在世界的金融状况，货币不断贬值的原因何在？哪些国家的什么商品出口超标，哪些国家的哪些商品又进口超标？（中略）借由实例，学习何谓经济学。（中略）因此，教育的方针是全方位符合时势。这样因材施教的方式，使得学生从学校毕业的翌日即能派上用场。日本的学生，尽是被灌输高远的理论，他们被考试折磨得头昏眼花，随即又被送进社会。难免在现实社会，无法展现所能。

光凡事怠惰，靠着别人的笔记应付考试的这等事情，若不能彻底改善，社会上恐怕不再有拥有真实力且品行佳的毕业生，也不免让人怀疑大学教育的真正价值所在。

即使是现在，仍有不少人认为美国型的思辨教育优越，然而九十年前，这样的争论始终未停过。不过显然日本型的教育，在初高中时期是填鸭式的（近来已不再如此），到了大学则是“玩到毕业”，比较起来无论当时或现在，都不如美国。不过想想，那些“奸巧拿别人的笔记以应付考试”的学生们，却是战后日本复兴或经济高速发展的推手，让我也难以针对美国型与日本型教育做出优劣判断。也许两者各有其优点吧。另外，根据池田弥三郎的记述，当时市面上还出现诸如《马也会解微积分》的“轻松学习型”参考书。

仅思量就业的学生

大量生产学生的教育体制，以及仅思量就业问题的学生，一直以来都是教育最受诟病的地方。与前田一属于同一时期的经济学者土方成美，如此写道：

> 法学部、经济学部等各有200、300名学生，有时超过五百人齐聚一堂听课，因此学校的课程已犹如公开演讲。（中略）部分学生（其实相当多数）思量的仅是毕业后的就业问题。毕竟毕业后的就业仍与分数“优等”的数学几何息息相关，所以考量的都是如何保持优良成绩。（中略）什么教授研究会、研习等，无论今昔几乎都是学生与教授亲近的唯一机会，也是现在大学唯一像是学校的作为。但在学生考量出席与否时，比起对研究是否有兴趣，更多的考量是教授是否具有就业推荐能力，或是评分宽严与否等。（昭和四年一月号《文艺春秋》，《知识阶层的忧郁》）

不过，此时期的学生听取毫无就业难的大正泡沫经济期的前辈们之意见，尽管理解环境已时不我与，依旧未放弃学历至上与大企业至上的观念。

关系与实力

简直难以与现在相比较，当时的就业分明凭借的是“关系”与“介绍”，而且当时体育系学生享有超越现在的待遇。最不景气的时期，《东京朝日新闻》于昭和六年一月二十九日报道，“运动选手不受就业难之影响，自学校毕业的运动选手中尤以棒球选手最为炙手可热，今春六大学的毕业生几乎已决定就业去处。”由于运动选手具有宣传效应，据说该年大学毕业的棒球选手进入了唱片公司，初任职即有300圆的月薪。

不仅是运动选手。作曲家古贺政男于明治大学在校期间，即在曼陀林俱乐部作曲，以《思慕的形影》一曲而闻名。昭和五年进入日本哥伦比亚公司，成为旗下的专属作曲家，初任职的月薪是 120 圆。进入公司后，又创作了《酒是眼泪还是叹息》的畅销歌曲。

仅有高等小学学历的加太，凭借绘画的天分成为说故事屋作家，十几岁即拥有相当于大学毕业生上班族的收入。所以一技在身，在当时依然可能超越学历的高墙。不过对于平凡的泛泛众生，还是只能依赖学历，今昔皆同。

4　政治冷感的荒唐大学生

早庆实事的暴动

> 他是颇有魅力的男子，并也以此为傲。他穿着金扣子的制服，内衣全是丝绸的。当然，他不只是个大学生，他还兼做舞蹈老师。不，应该说是舞蹈老师，但还兼有大学学籍。
>
> 喫茶店里的尽是 waitress，酒吧里的尽是 madame……他不知那些没有女人缘的家伙究竟在想些什么。有魅力的教舞大学生，不，是穿着大学制服的舞蹈老师。他由衷地感谢如今这个世界。不过对于农作物欠收的农民或失业问题，他一向不感兴趣。（新岛繁《教舞大学生》，《社会档案　昭和社会百态史　战前篇》）

从战后的历史观看来，仿佛战前任何人都涉入左翼活动，实在是因为贫富差距等引发对社会的质疑与矛盾心结。不过无论是当时或现在，多数人仍对政治议题不感兴趣。当然如前所述，软派的“教舞大学生”依然存在。可是，毕业后的就业不安，再加上社会弥漫着“年轻人不成器”的说教氛围，学生们怀着满腔不平，企图反抗体制。因此，当时的学生的确经常引发暴动。

昭和八年十月二十二日神宫球场。庆大三垒手水原茂，遭早大啦啦队区丢掷苹果，愤而返投回去，因而引爆“早庆战苹果事件”（照片提供：共同通信社）

战前的早庆赛事，相当于现在的职业棒球赛，非常受欢迎。大正末期至昭和一桁，春秋举行的早庆赛事，学生们必然烂醉而闹事，简直与暴动无异。其实此现象，与学生对就业的不安，以及社会评价的低下脱离不了关系。二十世纪九十年代以后的通货紧缩期间，年轻人的失业率攀升或大学毕业生的就业难，逐渐形成社会问题，与当时相较起来，现在的大学生的确沉稳多了。

永井荷风的《断肠亭日乘》，从昭和三年至十一年左右，每年记录早庆赛事后学生的骚动，字里行间难掩其不耐。

根本应该规定，庆应义塾的学生不得成群结队走在银座街道，不得闯入沿途的餐饮店乱舞高歌暴乱。（昭和三年十月二十二日）

一如往年，夜里的城市肯定满是烂醉的学生，他们还边走边大闹银座的咖啡厅。（昭和四年十月十五日）

三田[①]稻门两校的学生，只为了棒球的比赛，学生与选手们烂醉如泥横行街道。（中略）七八名庆应义塾的学生与两名英国海军士官陷入纠纷，他们强拉着对方的手，以含糊不清的英语叫喊着……（中略）我曾短暂担任三田的教授，不过在大正五年春天已辞职。每年看见银座的暴动，就觉得当时辞职真是正确。（昭和八年十月二十二日）

昭和四年秋天，庆应义塾的学生热衷棒球，简直过了头，他们成群结队走向银座，酒醉闹事，强行闯入咖啡厅破坏器物。偶然亲眼目睹现场，我痛定思痛地，觉得自己没有孩子真是万幸。（昭和八年十一月十一日）

① 庆应义塾大学。——译者注

一生单身的荷风，想必对孩子与年轻人非常严厉。昭和八年秋天，在前述论及早庆赛后“暴行”不久，他又在银座的风月堂见到此景。“看似优雅的客人，他们的小孩子却如猴子，在室内奔跑发出脚步声……接着又拿刀叉敲墙壁。父母亲见状也不制止，只是任由他们的所作所为。（中略）如今父母亲对小孩的管教方式，竟是全然放纵。”从荷风的文章中可看出，战前对孩子的管教相当严厉。不过那些“猴子般”的小孩，恐怕是日后泡沫经济期的企业经营者吧。

总说庆应的坏话，实在不妥，不过昭和六年庆应1200名学生至群马县相马的陆军设施进行军事训练，宿舍内“上演了饮酒乱事，桌子或门等器具都遭到破坏”。“不仅如此，他们勾搭在当地相马村，附近箕轮町，或更远的伊香保温泉咖啡料理店工作的农村女子，更甚者还从东京叫来不正经的女人，去伊香保等地开车兜风，净做些学生不该有的行径。”难耐的旅馆主人忍不住要他们节制，没想到他们回以：“我们可是在银座身经百战啊。”（昭和六年五月六日《东京朝日新闻》）

如此看来，与其说是“知识阶层过剩”，倒不如说大学生已非“知识阶层”。不过之前也重复多次，这些人进入企业成为上班族后，皆是战后复兴或高度成长期的重要推手。小津安二郎晚年，也就是1960年左右的作品《秋刀鱼之味》，佐分利信等所饰演的管理阶层，即相当于这个世代。他们对着新进职员说教时，肯定隐瞒了自己年轻时在银座酒醉闹事的荒唐事。

就业的好转与政治冷感化

昭和七、八年左右开始，经济逐渐复苏，“左翼书籍的人气下滑”（昭和八年一月十四日《读卖新闻》），就业情况好转。

昭和十二年以后，理工系为主的就业更显乐观，昭和十二年春天的就业，有21名毕业生的东大金属工业系却涌入三倍的征才单位，有28名毕业生的应用化学系则出现五倍以上的征才单位。（昭和十二年三月号《文艺春秋》，《大学毕业后的就业战线》）

昭和十三年秋天，大正泡沫经济期的景气又现，“《我大学毕业了，但……》稳坐流行语，大学毕业生成为世人的笑柄，备尝蓝白薪水阶级特有的苦涩，以及无容身之地的那个时代，究竟是何时的事了啊”。“暑假还未结束，帝大生简直炙手可热、洛阳纸贵，不仅是工科系，帝大各科系皆时来运转。”庆应大学也是，“据说去年的就业率不到九成，今年的这种热烈程度，令学校的就业课开始考虑是否该拒绝蜂拥而至的征人单位”。（昭和十三年十一月十五日号《实业之日本》，《展翅飞翔的大学帽就业战线》）

经常带着嘲讽冷眼看社会百态的经济记者小汀利得（战后的日本经济新闻社社长），在昭和十年如此写道：

打从玩心重的幼少年时代开始，虽不至于像过去的立身出世，至少为了出世，不断被耳提面命通过最高等级学校的入学考试，才是最优秀的必备条件。因而不需要家庭教育，不需要真正的学校教育，换言之，不需要身为下一代国民所需的训练。不过关于投机取巧的作弊行径，老师、兄长或前辈虽不到褒扬之地步，却也略带默许。（中略）以为终于抵达最终目标的最高等学府，入学的那一刻起，却早有人伺机准备就业战术、就业运动，那些把最终目标设定在就业的人，说得难听些，已无存在之理由，像是个空壳，因为他们把就业视为目的，而不是养活自己的手段。（昭和十年十一月号《中央公论》，《迷失方向的小羊群》）

英语只会读到 H

昭和十二年，哲学家三木清在五月号《文艺春秋》发表了著名的《关于学生的智能低下》短文。三木认为，在昭和六年后进入高等教育学校就读的学生，与之前的学生截然不同，且指出："他们几乎不关心社会议题，只求毕业，竟是怀着这种态度进入大学就读。"学校课程以外，他们仅阅读大众娱乐杂志《国王》，他大胆推测这类"国王学生"在持续增加中。

"国王学生"并不必然成绩恶劣，反而对成绩小心翼翼。此外，也有不少以通过"高等文官考试（上级公务员考试）"为目标的"高文学生"，他们缺乏理想、教养、对知识的好奇心，三木称其为"智能低下"。其实三木想批判的不是学生，而是造就这些学生的"法西斯主义式教育"。不过比起昭和一桁时期，就业环境明显好转，但学生反而对未来失去希望，演变成了功利主义。

战时体制色彩浓厚的昭和十五年，尽管“现在的学生无药可救”之批判声稍减，但其实检视得更加严格。该年《文艺春秋》举办的座谈会，与会的众议院议员清濑一郎、经济学者石滨知行等知识分子，频频发言指责学生的水平低落。

诸如“我亲戚的孩子是医科大学生，却搞不清楚政友会与民政党的区别”，或“就连英语也不会读到 Z，只会读到 H”。《文艺春秋》的菊池宽[①]也对前来应征的学生不了解中国地理感到愤怒。（昭和十五年三月号《文艺春秋》，《“动摇的国民生活之断面”座谈会》）

除了座谈会，还提及有些大学仅需缴学费即发给毕业证书，或是，在寄宿家里的学生房间内发现外皮污秽而内页全白的笔记本，感觉怪异，询问之下才知道，仅穿着大学制服去咖啡厅不被信任，而制服上的名字在警察临检时又易泄露身分，所以为证明自己是学生故意随身携带空白的笔记本。从这些案例中不难看出“知识阶层没落”到何种程度，并与现代无异。

---

① 《文艺春秋》社的创立者。——译者注

第四章

薪水与升迁的“大落差”

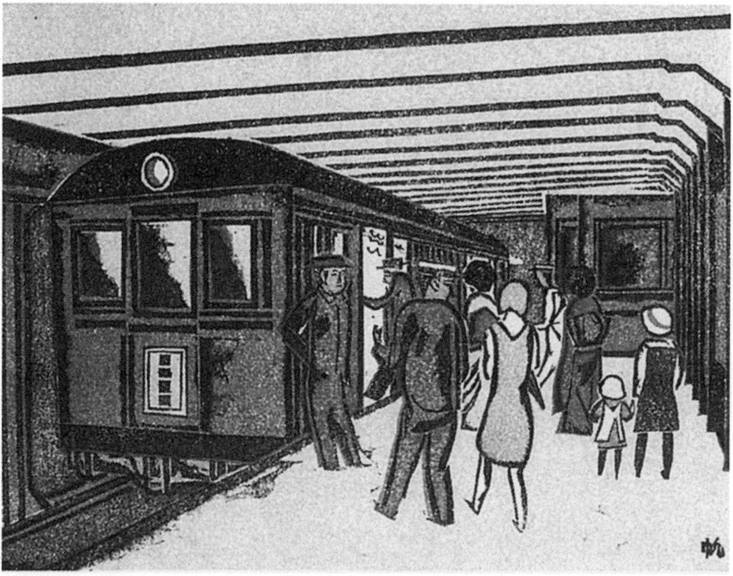

前川千帆《地下铁“新东京百景”》
（昭和六年作品，东京都现代美术馆馆藏©东京都历史文化财团影像数据库）

1　初任职薪资、升迁与出人头地

超一流企业依学历给予的初任职薪资

那些打赢入学考试一战，终于抵达就业彼端的人，究竟初任职时的薪资是多少呢？本章将试图观察探讨，上班族从初任职直到升迁的薪资。刚进入公司，有些人数年后即能月领百圆，相对的，有些人直至中年才好不容易到达月薪百圆级。战前的社会比起现在，更重视且区别学历或家世背景，学历不同，薪资也大不同。

前田一的《上班族物语》里，刊载了出版前一年，也就是昭和二年各家名企业的初任职员工薪资表，在此特地节录出来。

三菱合资

帝大工科　90 圓

帝大法学科　80 圓

商大　80 圓

商大专门部与早庆大、神户高商　各 75 圓

地方高等商业与中央大、法政大、明治大

各65～70圆

私大专门部　50～60圆

中学　35圆

三井物产

帝大、商大、神户高商　80圆

各私大　72圆

地方高商　64圆

甲种商业　40圆

（三井财团，在底薪方面帝大毕业生是50圆，私大毕业生是45圆，前述的数字是底薪加上奖金，最高时可达75圆以上，约是六成底薪的奖金，最低则是60圆）

住友合资

帝大、商大　80圆

神户高商、帝大专门部　70圆

早庆大、三年制高等商业　60圆

甲种商业、中学　35圆

安田保善社（安田财阀持股的公司）

帝大、商大　70圆

私大　60圆

私大专门部、官立专门部　50圆

中学　30 圆

古河合名

帝大　78 圆

私大　60～65 圆

专门学校　68 圆

中学　30～35 圆

日本邮船

帝大、商大　80 圆

商大专门部、神户高商　70～75 圆

早庆大、地方高商　60～65 圆

其他的私大　50～55 圆

东京电灯（东京电力的前身）

帝大　75 圆

私大　55～60 圆

专门学校　60～70 圆

中学　35～55 圆

三越吴服店

帝大　65 圆

商大　60 圆

早庆大　55圆

其他的私大　50圆

私大专门部　45圆

甲种商业　日薪1圆50钱

中学　日薪1圆40钱

日本银行

帝大　48圆

私大　34~40圆

专门学校　29~37圆

中学　23~29圆

（还要加上津贴，所以实际薪资是底薪的1.9倍，换言之帝大约90圆，私大最高则有76圆）

新进员工的薪资几乎是净所得

以上虽是超一流企业的情况，不过当时官立与私立学校毕业生的薪资落差悬殊，似乎是普遍现象。即使现在，依行业或企业规模等，刚毕业的新进员工之薪资仍存在差别待遇，只是不至于像过去那般。起初调查战前初任职薪资时，发现每个人所说的数目差距甚大，让我备感困惑，后来才知道必须参照当事者的学历。

整体来说，大学毕业生约有60~80圆的月薪，帝大文科系与东京商大（一桥大学的前身）可达到最高的80圆左右，神户高商次之，早庆大约是60～70圆的程度。

不过，明治时代以来社会对高等商业学校毕业生的评价，即等同于帝大毕业生，相较之下，私大毕业生的薪资差别待遇却始终难以翻身。而后，尽管三菱、三井系企业撤除了官立与私立毕业生的初任薪资差别待遇，不过从前述的名单中不难发现，还有更多企业执着于早庆大与其他私大等这类微不足道的差别。

若以两千倍的现在金额换算这份初任职薪资，大学毕业生中最高等级约有18万日元，最低约是12万日元左右。2006年大企业的平均初任职月薪约是20万日元，但考量战前的便宜物价，尤其是住宅成本不如现在昂贵，两者似乎也不相上下。毕竟今日，初任职月薪20万日元的大学毕业生，就业的第一年约缴纳数千日元的所得税，再加上社会保险费，等于被扣除2万日元以上。在第一章提及过，战前的个人所得税最低限度是1200圆。以三井企业来说，新进员工第一年即有四个月月薪的奖金，而且不缴税，由于当时没有社会保险的负担，新进员工所领得的月薪几乎是净收入。

不断扩大的差距

战后成为三井不动产会长的江户英雄，昭和二年从东京帝大毕业后，先任职于三井合名，据说该年录用的大学毕业生除了江户英雄，还有一名庆应大学毕业生。

心痛于故乡农村的贫困，曾短暂进入农林省企图为农民争取权益的江户英雄说道：“思想曾经略微左倾的我，其实对三井这样的大财团并不抱有好感。”据说是“曾在三菱集团担任重要职务的叔父劝我：‘既然是好公司，就去试试看吧。’就那样，通过了入社考试”。当时正值就业困难，这番发言听来或许有些装模作样，若依照前田一公布的数据，江户英雄初任职的月薪应该是80圆，再加上四个月月薪的奖金，计平均月薪400圆，进入公司的第一年即有年收入1300圆以上，想必后来他非常感谢叔父的建议。

同年，换作甲种商业学校毕业生进入三井工作，起薪是月薪40圆，比大学毕业生年轻几岁，不过薪资仅是一半。《上班族物语》里，也列出知名企业的白领阶层之升迁速度表。例如三菱合资，月薪平均120圆以上者每年薪水调涨一次，幅度约是一成左右；月薪180圆以下者，一年半调涨一次，也约一成左右。三井物产则是百圆以下者，每年调涨一次，幅度约3～8圆。安田保善社，百圆以上者年调涨一次，也是一成左右。住友合资，学历中学程度者，一年调涨一次，幅度是3～7圆；学历专门学校以上者，一年调涨10～15圆，当月薪达160圆以上时，二或三年调涨一次，每次30圆。其他企业方面，刚毕业的新进员工每年调涨幅度平均10%。

由此看来，住友属于学历差别待遇明显的企业，其他的企业在初任职时并未有太大的落差，但随着每年调涨薪资，却逐渐扩大彼此的差距。纵使请假扣薪等，一个初领80圆月薪的帝大毕业生，在四五年后即能轻松月领120圆。然而，初领40圆的甲种商业学校毕业生，五年后仍还仅有月薪60圆左右，尽管年龄已超过进入公司后第一年的大学毕业生，月薪却仍不及大学毕业生的初任职薪资。在奖金方面，一流企业针对大学毕业生，在进入公司半年后即给予一个月薪资的奖金，至多甚至达两个半月。但对中学毕业生或商业学校毕业生，起初的两三年属试用期，入社后半年，奖金仍仅一个月的薪资左右。

《上班族物语》的作者前田一试算进入公司五年后的薪资，三井、三菱、住友等一流企业，若是帝大毕业生月薪 100～150 圆，私大毕业生是 90～130 圆，专门学校毕业生 80～110 圆，中学毕业生 50～60 圆。十年后，帝大毕业生 150～300 圆，私大毕业生 130～200 圆，专门学校毕业生 100～200 圆，中学毕业生 80～100圆，明显出现差距。

前田一提出疑问：“居住在东京，究竟应该有多少收入才能享有像样的生活？”这问题也经常出现在当时上班族的闲谈中。前田这样写道：“有些人认为是 300 圆，也有人说是 500 圆。若真能拥有平均月薪 500 圆的收入，只要不乱来浪费，的确是可以过着富足的生活。”当然那是包含了奖金，所以感觉上，月薪 300 圆其实就能列入生活稳定的上班族。换言之也轻松抵达了，第一章森本厚吉所言的“中产阶级的标准年薪是 3000 圆”。前田一断言：“腰便们进入公司十年后就是一条好汉。历经十年，终于月领 300 圆，不再是腰便，已可独当一面。”若包含奖金，月领 500 圆，年收入则达 6000 圆以上，其实相当于当时帝大校长的收入。换算成现在的价值，约是 1200 万日元，算是普通。不过实际推估后，应该是现在年薪 3 千万日元的等级。若是帝大毕业生，进入公司十年后的确可以达到这个等级，但商业学校或中学毕业生，即使耗费相同的时间却仅能勉强达到“月薪百圆”。

团琢磨的奖金是45万圆！

收入调涨，那么职位的升迁又如何呢？昭和四年九月一日号的《实业之日本》，出现以“成为课长要花多少年的时间?”为标题的文章。在当时，大企业的课长比起现在的课长，拥有难以相较的强大权力。在包含分公司的财团公司里，课长仅十位左右，他们拥有的权限仅次于公司重要干部，也是一般上班族追求升迁的顶点。

在该文章中，列举了日本石油、住友银行、日本邮船等实例。在日本石油，升迁到课长以下的主任，约需十年的时间。主任等级的月薪是150～160圆，半年即有七八个月月薪的奖金，年薪达4000圆左右。这样的收入的确足以养家糊口，不过以昭和四年的不景气看来，分明已是高薪。

到了课长级，约是进入公司二十至三十年以后的事，年龄相当于四十至五十多岁，月薪250圆，而且奖金方面“考量到处于不景气之际，预计半年有十二三个月月薪”。换言之一年就有二十四个月月薪的奖金，年薪共计9000圆。第一次世界大战后的经济好转期，甚至可以领到一两万圆的奖金。若是现在，相当于2千万至4千万日元，与泡沫经济时的证券公司不分上下。战前大企业的白领阶层，进入公司十年后终于到了主任级时，月薪已是初任职时的数倍以上，再加上奖金，理所当然月领高薪。

该篇文章里也列举出其他大企业，其课长的待遇也与日本石油相当，或尤甚之。日本邮船的课长，年薪可望达 1 万圆。在 1 万圆好比个人身家财产的时代，他们竟可以每年领到 1 万圆。又如横滨正金银行（战后的东京银行），还有月薪达 500 圆的超高薪课长。若是再高级别的重要干部，简直相当于现在的美国资本家。三井的江户英雄说：“我进入公司的时候，半年的奖金是 200 圆，相对的，据说团（琢磨）理事长是 40 万圆。因为公司规定收益的一成必须支付给理事长等重要干部作为奖金，况且当时的奖金不扣税。一旦成为三井的重要干部，简直就是有钱人了。”（《我的三井昭和史》）另外，团琢磨的奖金相当于现在的 8 亿日元。

除去旧财团企业或银行等，现在课长的年薪 1500 万日元，也算是高薪。不过这样的金额仍买不起东京都内三居室的公寓，仍还称不上相当于“个人身家财产”。在第一章提到，那个年代所得税纳税者仅占全国人口的 5%。谷泽弘毅制作的昭和十一年度高所得百人排行榜，居于第一名的是三井财团的三井高公，所得 254 万圆（相当于现在的约 50 亿日元）。百万圆以上的仅有六人，而且多半是三井或三菱家族成员。

昭和十年五月一日号《实业之日本》，又刊载了标题为《十年过后又去到哪里？依各职业各学校之升迁速度大调查》的文章。与经济不景气的昭和四年左右相较，因军需经济复苏的昭和十年的社会氛围的确大不同。此时期，进入公司十年可以升为组长，月薪 150 圆。具体而言，进入三菱银行九或十年后可成为组长，十一二年是分店长代理人，若想成为分店长或课长底下的副课长约需二十年的奋斗，成为课长则需二十三四年。三井物产则是，主任相当于其他公司的组长职位，需十五至二十年的工作经验。东京电灯等，可以说是“老旧陈腐大公司的样本”，文章里说即使进入公司十年后仍是普通职员，升迁速度比起昭和一桁时代前期还要缓慢。安田银行在大正末进行人事更新整顿，进入公司十年即能升任课长或分店长。看来，升迁的速度依企业各有不同。

白领阶层的退休金也相当惊人

平成二十年（2008），关于酬劳的差距，二十到二十四岁约是百圆之别，五十至五十四岁这个年龄层的差距最大，达 2.5 倍，泡沫经济的二十世纪九十年代左右甚至到了 2.7 倍。但随着长期不景气带来的减少奖金或财源的影响，差距有缩小的趋势。

橘木俊诏的《日本的经济差距》提到，二十世纪三十年代某制造业工厂厂长的年薪是 10808 圆，厂长代理是 6419 圆，工厂组长是 5008 圆，正式职员是 2463 圆。与白领阶层的职场情况相较起来，工厂厂长的年收入是正式员工的四倍，当时白领阶层与蓝领阶层显出明显的差距。男工头年薪 980 圆，一般工人不到 626 圆，厂长是一般工人的 17 倍以上，厂长代理是 10 倍以上。白领阶层的正式职员若与一般工人相较起来，是 3.9 倍。橘木认为，“职业间差距所掀起的社会身份阶层差别待遇，相当严苛残酷。”换言之，大学毕业的白领阶层即是特权阶层。

战前的白领阶层退休金也非常惊人。三井财团的公司，工作满三十年，即使是非重要干部，最高也能领到510圆的退休金。在昭和十年的制度改革以前，退休金是月薪的150倍，据说有人甚至可以拿到8万圆以上。制度改革后，任职工作三十年、月薪280圆者，退休金是2万圆。制度改革前的三菱合资，工作三十年的部长级若月薪300圆以上，可拿到8万圆的退休金（昭和十年九月十五日号《实业之日本》，《主要银行公司的退休金之调查》）。然而可以领到如此高额退休金的人毕竟是少数，制度改革后金额大幅下滑，不过大正六年毕业于东大、进入三菱商事任职的泰丰吉（之后是帝剧的负责人）写道，昭和八年，进入公司工作了十六年，从三菱退休时是月薪200圆，因而领到6000圆退休金。

前面也提及，战前的年金制度尚不健全，人们必须自保老后生活。若拥有几万圆的退休金，以当时的存款利息5%，只要善于存款储蓄，应该可以安享晚年。但是得留意的是，前述的情况终究是真正幸运的那些人而已。因为目前介绍的高薪资，仍偏向掌握了资本或商业机会的大企业。

昭和五、六年左右以后，军部熟知农村出身的兵队生活之困苦，再加上政党的批判，社会对财阀的不满逐渐加深。昭和四年以后财阀大企业不得不修正退休金，实因社会各界对白领阶层的高收入批判升温。在一般工人年薪仅600圆的时代，竟然可以领到40万圆奖金的三井理事长团琢磨，于昭和七年遭到井上日召为首领的血盟团暗杀身亡，也表明人们再也难以容忍贫富差距下的不公平。

2 消解学历差距的明治维新

民间相继废除官私差别待遇

如前所述，即使是民间企业也较礼遇帝大、商大，除此之外，三井集团则倾向庆应等学阀，学历差别待遇的确存在。当时，三井银行的常务以上，除了一人以外，其余皆毕业于庆应。佳丽宝的前身钟渊纺绩也是一样。三越的员工中有七、八成是庆应毕业，甚至流传“不提拔三田，还算是人吗”的说法。

不过，民间相继开始废除官私差别待遇。《上班族物语》出版两年后，也就是昭和五年十二月号的《中央公论》，刊载了小汀利得在昭和四年所做的初任职月薪调查结果。三菱方面，无论毕业自官私大学或专门学校，不论技术或事务都是70圆。战后，成为三菱矿业水泥社长的大槻文平，于昭和三年进入三菱合资工作，他回忆初任职后即被派遣到北海道的美呗煤矿，当时的薪水是70圆（《我的三菱昭和史》）。三井银行方面是依据大学，换言之，帝大或私大一律75圆，专门学校65圆。劝业银行也依据大学，官私无差别都是70圆。与昭和二年时期相比，因为不景气，部分企业不仅调降初任职薪资，也废除了学历差别待遇。不过三井集团中的三井物产或三井信托仍因袭学历差别待遇，所以随着企业不同，废除与否也不尽相同。

官厅则仍以官大学历为优先

不过，明治以来传统视官立学校为万能的官厅，则展现完全不同的样貌。

昭和五年十月十五日号的《实业之日本》，企划了一连串“打破官私学阀！倡导实力主义”的专题活动，并且连续数月号举发官厅的学历差别待遇。其内容混杂着彻底功利主义的专题《还要几年才能成为课长?》，还有标榜实力主义的文章。这也是这本杂志的有趣之处，让当时上班族的野心与自卑毫不保留地倾巢而出，形成独特风格（也因此，在当时的经济杂志中水平尚不及拥护高桥龟吉、批判政府经济政策等以小道议论为主的《东洋经济新报》，或是专营企业信息情报的《钻石》）。

该特辑的内容主要是，在该杂志熟悉的范围内比较同年代帝大与私大毕业生的月薪，至于如何被雇用则不得而知，再加上事务员与技术员混杂，可惜未能做出更系统的分析。但内容真实传递出昭和一桁时期私大毕业生增多，社会氛围弥漫着学历差别待遇的不满。

根据该份报道，毕业生初任职于外务省的三年后，帝大130圆，庆应75圆。十年后，帝大280圆，庆应百圆，早稻田150圆。十四年后，帝大375圆，早稻田、庆应280圆。而且“帝大毕业生几乎无低薪者”，反而明大学历者工作十三年后仍在百圆，十五年的早大学历者150圆，庆应学历者225圆。多数的私大学历者即使工作十五或二十五年，才终于达到

150 圆或 220 圆的月薪。

内务省也是，毕业初任职后六年，帝大法文系 165 圆，东京高等工业百圆，明治法文系 85 圆。十八年后，帝大法文系 435 圆，早大法文系 135 圆，明治法文系 115 圆，清楚隔开了薪资的高低落差。帝大学历者工作二十五年至三十年，最高可以调涨到 450 圆，私大学历者的起薪则是 50 圆左右，三十年后依旧落后在 140 圆以下。此外，在大藏省工作二十年，帝大是 430 圆，早稻田是 135 圆。递信省工作二十年，帝大是 430 圆，相较起来早大法文系仅有百圆。

“判任线”下的呻吟

不仅是俸禄薪资，官位官阶方面也有极大的差别待遇。第一章已略叙述，战前的官吏由下而上分为雇员、判任官、奏任官、勅任官、亲任官五个等级，奏任官以上，即相当于现在的“高等官员”。亲任官是由天皇亲自任命的大臣或陆海军大将等级，身份特别，其他的高等官则又再区别一等至九等。勅任官是经“勅命”而受任的次官、中将或官立大学教授等，相当于一、二等的高级官员。除此以下的高级官员是奏任官，基本上通过高等文官考试（上级公务员考试）或外交科考试者即能成为奏任官，在军队只要是少尉以上便是奏任官。根据职位，再细分官等，对战前的人们来说，这是极重要的社会地位指标。

昭和三年，全国官吏总数超过 69 万人，其中雇员与判任官合计49万人，奏任官13670人，勅任官不到1200人。大多数的日常工作事务都是由判任官以下的官吏处理，判任官与奏任官之间，犹如现在中央省厅的国家公务员与地方公务员，存在着深深的代沟。任职五年以上的一级判任官，在职期间表现优异者可享受奏任官之待遇，或是通过其他任用制度也得以升迁，不过事实上少之又少。

根据《实业之日本》的报道，在内务省服务的帝大毕业生，五年后可升迁高等官六等，十年后升迁至五等，十二年三等，十九年即能来到最高阶的一等。然而，无论是早稻田或庆应或明治的私大毕业生，依然还是判任官。

结果，“私大毕业者在粗宽的判任线下痛苦呻吟，偶尔被想起，终于才被升迁至奏任的五等或六等，仅此而已”。然而，“在判任官中翻来覆去的，几乎无帝大毕业者”。“据记者所知，尽管通过了高等文官考试，但既是私大毕业者，服务满五年，才终于升迁为北海道的某运输事务所的主任，而帝大毕业者才在一年前通过考试，却已是铁道省事务官，相当于奏任官五等。至于月薪，前者100圆，后者240圆。”

“私大毕业者根本不被当人看”

特辑中还控诉：“其实在公家单位，私大毕业者或无学历者根本不被当人看。帝大派实在欺人太甚，无论我们拥有什么资格证书，也无论多么具有实力，只要是私大毕业或无学历者，就必须觉悟自己永远无法升迁。”为倡导消除学历差别待遇，杂志中甚至沿用“昭和维新”一词。所谓的昭和维新，不是在意指二二六事件的青年将校吗？看来，对中间阶层的上班族来说，消除学历差别待遇也犹如一场“革命”吧。

如前所述，整体而言当时的大学生仍为少数，然而如教育学者竹内洋所说，帝大与私大的鸿沟，比起现在的学历歧视更加巨大。社会上的普遍观念认为，帝大毕业者象征着突破种种考试的难关，待遇当然比较优渥；另一方面，人们也认为私大的入学考试容易，私大学生爱玩不用功念书。

就连呼吁私大毕业者也有优秀人才的《实业之日本》，也不避讳的确有前述之倾向，认同“不少（私大的）毕业生具备学术技艺素养，但存在着恶劣者也是不争的事实”。尽管如此，所突显的机会不平等，非常显著。

著有《事典　昭和战前的日本》的百濑孝，于大正十年被官厅录用。他在终战前针对 187 名退休公务官员进行调查，结果发现，其中 137 名是东大毕业者，最终升迁至敕任官（相当于高级官员一等与二等，约是局长以上）的有 70 位，相当于半数。62 名是其他大学毕业者，升迁至敕任官的有 10 人，剩余的 24 名是专门学校、中学等非大学毕业者，仅有 2 人升迁。百濑指出，东大毕业者即使当不上敕任官，半数以上都能升迁至课长等级的奏任官。“我终于明白约定俗成，毕业自东大即表示出人头地，非者则永远抬不了头。”而整体升迁者中又以东大（尤其是法学部）居大多数，而所谓“其他大学毕业者”恐怕也是帝大的为多数。因此，百濑也认同“非大学毕业者等于无法出人头地”。

众议院议员山田道兄向十一月一日号的《实业之日本》投稿，提及“多数的前辈都是官学出身，面对后进官吏的升迁（中略），官学出身者前辈也容易倾向于帮助同样出身的后辈，而私学出身者所面临的难关是毫无从旁提携的一臂之力，也就是无得以升等的考绩，因而被认为私学无能”。这也算是一种官厅内的“霸凌”吧。现在的中央省厅是否还保留部分那样的习气，已不得而知。不过，与当时相较，想必是改善不少吧。

司法界又以私立大学出身者居多的原因

另一方面，当时的法官、检察官等司法关系者又以中央、明治、法政等出身者居多。大正七年司法省废除了官学私学的差别待遇，初任职者一律年薪 540 圆。司法省参与官也是众议院议员的井本常作在《实业之日本》中强调，司法省的确多私大毕业者，“因为可以彻底发挥实力主义，也让学阀无存在之余地”。

关于司法省废除学历差别待遇，小汀利得如此描述：

（废除差别待遇）其实与果断无关，纯粹是基于经济上的理由。司法官与行政官相比起来，原本待遇就较差，也较少有人愿意进来，在景气时代，各银行企业为招揽优秀职员，纷纷宴请大学毕业生，或是通过同校的前辈在毕业的两年前即帮忙资助学费，或是答应进入公司又准许留洋。总之那个时期各种诱惑频频，不要说是前途似锦的官学毕业生了，若是私校毕业生，要不是为人耿直到底，怎么可能考虑来当司法官呢。也就是说，在那繁荣的景气时期，司法省出现了无新进员工的恐怖时代。唯有废除官私差别待遇，至少能吸引优秀的私校毕业生。（昭和五年十二月号《中央公论》）

从这番直率的解答看得出只要经济景气时，企业争着要学生，学生也宁可到民间企业，看来此番现象在九十年前便是，内定后的宴请也与现在无异。

实际身处在那般学历差别待遇环境的人们又作何感想呢？昭和五年八月号《文艺春秋》的《不吐不快座谈会》中出现的银行员，是夜校毕业者。他说：“他们说夜校不是正规的学校，而且还是专门部。就连那些所谓正规学校毕业的人，两三年后就忘了学校的事了，竟还在斤斤计较学校的事。夜校毕业者根本得不到认同，尽情羞辱虐待我们，真是不公平。”

在第一章也引用了昭和七年十二月号《文艺春秋》的《现代思想调查　上班族在想些什么?》，此份问卷调查中也流露出对学历差别待遇的不满。毕业自日大法学部、任职于社会事业团体的三十二岁男子说：“依随旧习之故，我的专业或努力根本得不到肯定。帝大毕业者仿佛有个认可的标签，不论专业或努力，只要有这个标签，就算是阿猫阿狗也能拿到好待遇，也得到个座位。”这人月收入 80 圆，奖金 200 圆，他又继续说却说漏了嘴：“尽管我告诉自己不要受影响，可是不知不觉间变得干脆对自己的工作适可而止。”换言之，了解自己终究无法升迁，也不再拿出百分之百的能力去做事了。

3　大正泡沫经济世代与昭和一桁世代

从 50 圆到 100 圆——大正时期的薪资倍增

在此要回溯到更早的时代，借以了解形成昭和时期上班族薪资之历史脉络。明治时期的薪资水平已大幅提升，不过所谓的“月薪百圆”的奠定则是大正末期。

明治三四十年代的大学毕业生初任职薪资，约是三四十圆。明治时期毕业自帝大或东京高等商业（东京商科大的前身）又能进到有名大企业者，即使到了昭和初期仍属绝对的精英，所以其初任职的薪资水平延续到大正时期的中期。以下的数据资料是访问昭和六年当时的财界领袖，询问他们初任职时的薪资，大多是 30～40 圆（括号内是当时的职位）。

一、自东京高商毕业，明治三十二年（1899）担任母校讲师的津村秀松（大阪铁工所专务），其初任职薪资是 35 圆。

二、自帝大法学部毕业，明治三十三年（1900）进入三井物产的牧山清沙（帝国精糖常务），是 35 圆。通常帝大法学部毕业生的初任职薪资是 30 圆，他骄傲地说：“因为我在校成绩优异，所以多领了 5 圆。”

三、自东京高商毕业，欧美留学后于明治四十一年（1908）进入三菱银行的鹿村美久（富士纺绩专务），40 圆。

官厅的薪资水平甚至偏高些。

一、明治四十一年（1908）毕业于帝大法学部，并进入大藏省专卖局工作的松本弘造（桦太工业专务），初任职薪资40圆。

二、明治四十四年（1911）毕业于帝大法学部，并进入农商务省工作的五岛庆太（目黑蒲田电铁专务），初任职薪资45圆。

但是，来到大正时期，第一次世界大战带来的“大战景气”，促使海外订单意外暴增，日本经济构造产生剧烈变化。原是三井物产的上班族而后在海运事业发展的内田信也、山下汽船创业者山下龟三郎、野村证券的野村德七、在电力事业闻名的福泽桃介，都是随着这波景气一跃成为富豪。不过，出口贷款急增，日本国内的货币需求量急速膨胀，再加上年轻农民纷纷移到工厂担任劳工，造成消费急增，因此大战期间的大正六年左右，物价开始急速上涨。此现象直接冲击公司职员、公务员或教员等一般上班族的家庭收支，明治时期沿用下来的薪资水平终于无法应对社会局势。

食品或衣料为主的日用品价格暴涨，大正七年八月甚至引发著名的稻米骚动事件，社会一片哗然。所谓稻米骚动事件是，明明前一年稻米价格是一石（150公斤）20圆，到了大正七年夏天暴涨到40圆。富山县渔夫们的妻子纷纷到米谷商抗议，此举瞬间点燃人民的愤怒，进而发生放火烧关西新兴财阀铃木商店的神户本店的事件。

“大战景气”当时，造船等资深劳工的薪资甚至比白领阶层还高，因而也出现所谓“职工成金”的说法。根据梅津和郎《成金时代》的描述，大正六年时期，接到输往俄国的弹炮加工订单的民间工厂，其劳工可以月领200圆。据说，还有些职工每日去游廓，第二天再直接去工厂工作。

而白领阶层，只能耐心地等着老板调涨薪水。当时并不存在配合物价上涨调整基本薪资或罢工抗议。大正元年，铃木文治设立了“友爱会”，让日本的劳工运动终于迈向黎明期。明治时代中期以后，企业的融资体系终于趋于近代化，然而一般财阀仍难以摆脱把员工当作自家佣人的习气。（住友财阀直到昭和时期，仍会发给大学毕业员工印有住友家族家徽的和服外套。小汀利得贬斥道：“也因为如此把员工当作自家佣人，有骨气的家伙偏偏选择不去那里工作。”）在这样的氛围中，小学教员等开始运作调涨薪资运动，大正六年以后的《中央公论》或《实业之日本》频频出现类似《薪水阶级生活该如何解决生活难?》的文章。

一般职员的生活困境，也逐渐变成经营者头痛的问题。众议院议员铃木梅四郎在稻米骚动事件告一段落后，如此说道：“不论是官吏，还是公司银行员，现行的薪资基准皆源自物价便宜的时代。薪资百圆以上的另当别论，尤其是50圆以下的最低阶级，若以当时的物价为基准，肯定是生活得下去。但与现在的物价相比，不用说当然是薪资略低。（中略）无法养活最低阶级者的地方，还是人待之处吗？这样，公司商店想必也难以生存下去。”（大正五年九月十五日号《实业之日本》，《逆行此局势者必自灭》）

此文中将月薪百圆以上者另当别论，视为“高薪”，的确不难理解。明治末期初任职月薪三四十圆者即算精英阶层，已达到颇高的薪资水平，但没想到文中勉强生活下去的标准竟是“50圆”。

在这样的环境下，企业不得不大幅调升薪资基准。

大正八年的三菱集团的大学毕业生初任职薪资是，帝大工科50圆，帝大法学部与东京高商各40圆，神户高商与东京高等工业36圆，地方高商与早稻田政经32圆，庆应28圆。在三井集团无论是帝大、东京高商都是40圆，早庆、地方高商各30圆。钟纺则是帝大法学部、高等商业、庆应各30圆，早稻田仅录用商学系，月薪15圆。以上都是明治末期以来的传统基准，该年三菱或三井都分发了二成至八成本薪的临时津贴，尤其是新进员工，最高甚至领到八成的津贴。日本邮船在大正七年，将帝大、东京高等毕业生的初任职薪资调高至50圆，大正八年，月薪50圆以下者可以领到薪资八成的临时津贴。（大正八年八月一日号《实业之日本》）

事实上临时津贴是纳入本薪的，因此此举也可当作历史性的薪资改革，可以说是足以匹敌第二次世界大战后经济高速发展期的大幅基准修订。在大正六年自帝大毕业后进入三菱商事的秦丰吉，初任职时的薪资是40圆，刚好是可以领取临时津贴组。不过他表示既是临时措施，最后结局仍是得回到修订本薪。

> （进入公司的翌年）大正七年，正处于大战景气的余波，正值稻米骚动，物价翻腾高涨的时代，到处都在执行薪资大幅修订。即使是三菱，我们的薪资属最低阶级，也调涨倍增。

也就是说40圆变成了80圆，第二年调薪的5圆也以倍计，所以大家都领到月薪90圆。（《三菱物语》）

大正六年以后，公务员也实施临时津贴补助，最后仍改大幅调整基本薪资。公务员中最低薪资代表为巡查，在大正六年调涨到25圆，大正八年又调涨到40圆，包含各种津贴共计平均约60圆。当时的报纸提到，“生活应该从此无虞吧”。

然而，随后的大正九年，社会陷入战后经济恐慌，日本走向长期的不景气。大正时期的“薪资倍增”，不过是泡影罢了。

因泡沫经济而狂妄

初任职薪资不断调涨，也出现了些不识时务的新进员工。战前的上班族作家辰野九紫在昭和十年，提及了自己任职十八年前，也就是大正六年还是新进员工时的往事。

现在的月薪百圆相当于当时的月薪50圆，此基准以下的一般职员，花个10钱吃午餐就像是在摆阔气。不过当时某庆应毕业男子，进入正处于蓄势待发的日本邮船工作，简直喜出望外。尽管仅是月薪25圆的普通上班族（大正八年调涨初任职薪资前的基准），说到牛杂锅，非得吃岩仓（具视）公的宠妓桃吉在有乐桥边开设的笹家；也不曾见识过歌舞伎名演员团十郎或第五代菊五郎的表演，但听说他们爱吃食伤新道的中菜鸟蛋，他也非得一试。总之人家说什么他就趋之若鹜，然后报账享乐，两只脚都还够不到课长级，月底结账时月薪只剩下七八

圆，最后只好向双亲求救（以下略）。（昭和十年五月号《文艺春秋》，《上班族的过去、现在、未来》）

犹如二十世纪八十年代末期泡沫经济时期，年轻上班族在高级餐厅装阔气点了高价红酒，或是带女友到高级饭店过夜，待月薪花光时才哭着找双亲，简直是如出一辙。

即使是不景气的昭和一桁时期，仍有许多人无法改变过去奢华的生活方式，永井荷风的《背光的花》即是以昭和六、七年的东京为故事背景，主角中岛重吉就是那号人物。

私立的某大学毕业时正是大正六、七年之际，因欧洲战争，日本的工商界适逢经济最佳的时代。重吉很快找到工作，是编辑，专门协助赞助杂志发行的商会刊登广告。对于工作他不积极也不忠实，老是赶不上上班时间，一年后不久就遭解雇。

主角中岛即是因进入社会时正值经济大好，以为敷衍了事也能摆平所有的事，但渐渐丑态百出，从泡沫经济瓦解后的十多年来，始终找不到正职，最后只能靠女人养家生活的四十岁男子。

本章节一开头提到的辰野九紫也是泡沫经济时进入公司工作，他还写过其他关于大正时期最为景气时代的回忆。（昭和五年十二月号《妇人公论》，《奖金漫谈》）

从现在算起的过去十多年，正是世界大战的景气时代，大家显得意气风发。就连贫农或遭人轻视的佃农，怀

> 中也放着两三张10圆纸币（中略），更何况是上班族，他们任职的公司让投资人狂领五成或十成的配额，所以50圆上下的本薪之外还可以拿到高额的奖金，为了妻子的颜面着想，特地让岳父来东京游玩，为的还不是不想被当成不懂世故。
>
> 身为不到三十岁的一般职员，我已经可以领到千圆奖金。（中略）现在的我已习惯手拿薪资二倍半金额的感觉，天理是或非——只要奖金到手凡事都可逆！过去那种领个三分之一，实在不可原谅。

每回辰野与年轻职员提起往事，都被阻止：“不要再说了，辰野先生，不要再说那些梦话了……”或是干脆敷衍回以：“喔，作为人要懂得放下。”看来昭和一桁时期的年轻人，似乎很讨厌大正泡沫经济世代提及那些过往。

学生的就业期望是奢望？

大正泡沫经济瓦解后，向往稳定生活的学生依旧期望进入大企业工作。然而当时财界人士经常说，就是因为有大企业白领阶层志愿的存在，才会造成就业难。他们提倡“实力主义”论，鼓励自己创业，认为只要愿意从最辛苦的底层做起，怎么可能找不到工作。当时，在工厂工作的工作服是“菜叶服”①，许多从生产

① 因为像是菜叶的颜色。——译者注

线力争上游的案例，就连杂志也经常刊登诸如《我们的菜叶服时代》的文章，回顾那些从在工厂工作而成为企业干部的奋斗史等。

例如，昭和四年五月号的《文艺春秋》，邀请了帝国饭店经理犬丸彻三（之后的社长）、东京《日日新闻》（现在的《每日新闻》）的千叶龟雄、无产阶级文学作家藤森成吉，举行“现代社会实态座谈会”，有趣的是针对代表财界犬丸的发言，藤森等人纷纷提出反对意见。

犬丸：“（前略）随着社会逐渐发展，高学历者非常多，不过要让每个人都能进公司工作，其实是困难的，所以也到了必须思考改变人生志向的阶段，不能仅是追随前人的脚步。”

千叶：“但是现在的公司结构，除了当个上班族，别无他法啊。”

藤森：“是啊，那就去当工人吧，但终究还是无法啊，就连劳工阶级也出现许多失业者。”

（中略）

犬丸：“那是因为觉得只有到公司上班，否则别无其他办法不是吗？我对于现在的失业问题，可以举出个案例。有个人进不了高等学校，因为现在入学也难，连考两回都考不上。第三回他来到我这里，我跟他说去当司机吧。现在的司机以为只要会开车就好，当个司机也要机智聪明，每天读报知道哪里客人多，或是会看东京的地图，多思考如何从这里到那里可以节省不必要的路程，这些事都足以令即使受过教育的人学习思索——他努力做功课，并全力以赴，后来存钱买下汽车，自己开车创业了。”

其他出席者免不了又反驳这样的人只是例外，但犬丸自信满满。

经济学者石滨知行在就业难最严峻的昭和四年，于五月号的《文艺春秋》写了一篇《知识阶层的过剩》，正面反击这类的“实力主义”论。

石滨针对的是同年三月《朝日新闻》中早稻田大学田中穗积（昭和六年是校长）的谈话。因为田中提到：“突然穿上西装就想做轻松的工作，当然就业难，如果穿上菜叶服还愿意工作，就无所谓就业难了。”与犬丸的理论如出一辙，对此石滨直接指出劳工也面临失业，“真正的菜叶服也为了找工作在街上徘徊”，偏偏大学毕业的知识阶层也加入了行列，“结果如何，自然分晓”。

田中又指出：“近来学生的就业期望，根本是一种奢望。”对此石滨为学生辩护说：“学生们并不似论述者的青年时代那般，怀着担任大臣或重要干部的梦想，他们不过想维持最低限度的生活。”换言之，石滨想说的是，比起你们那个时代，现在的年轻人的志愿如此朴质微薄，却依然找不到工作。

石滨认为，就算拥有实力，家世背景与金钱等仍是就业的必要条件。他直接反驳道：“首先不能是贫乏的。”他甚至说道：

“今日的状态好比是那些不断生产制造的‘思想工厂’，也就是各大学、专门学校制作的商品，终于到了卖不出去的地步。”

如同前述，战前时期只要有艺术等特殊才能，依然得以拥有相当于大学毕业生的收入。然而，无论是当时或现在，大多数的年轻人都是无特殊才能的平常人。说什么自己创业，那听来不过是经营者为了减少不断涌进的应征者所说的借口。

保险推销员月领 500 圆

经营者所说的“实力主义”也并非毫无根据，薪资采用佣金制的保险外务员、汽车销售员，是昭和初期颇受瞩目的新兴职业。昭和十一年十一月一日号的《实业之日本》刊登了《可以发挥实力的职业指南》一文，以保险外务员为首，并指出“提到论能力、论实力的工作，在今日的职业战线上，最首要的还是‘对外的交涉’吧”。

当时的保险公司约三十多家，外务员共 15 万人，“随便谁都是月薪五六百圆，对于同世代一般上班族的薄薪，无不深表同情”。月薪 500 圆，相当于文官中的内阁书记官长或帝大校长之收入，若是军人则好比将官。

若以 A 等级某公司为例，当时东京的外务员平均底薪是 38 圆 50 钱，同等于商业学校的初任职薪水，每签订千圆契约则可以领到 15 圆的佣金。每月平均拿下 5000 圆的契约，仅是佣金就有 75 圆，月薪即达百圆以上。只要努力，收入就越多，“以敝社的课长、重要干部以上的收入为例，他们通常是亲自开车去拜访客户”。当时的汽车多是福特或通用进口车，一辆车要价2500~3500圆，因此拥有自用车可以说是高收入阶层。

不过，据说离职率也高，某保险公司的外务员共计约1.5万人，新进人数8500人，取消录取的有5100人，每年3人中就有1人离职。最后得以成功者，通常得持续在岗位十年、二十年，多为三十多岁至四十多岁者，并且必须领悟工作的辛苦处。

至于汽车销售员，尽管汽车销售量激增，但当时的汽车价格昂贵，买得起的人依然有限。昭和十年，乘坐用、载货用汽车辆数达13.5万千辆左右，普及的人口比是0.2%左右。当时汽车销售员的总数，全国约600人。汽车销售员与保险外务员一样，底薪是30圆左右，每卖1辆车平均可拿到50圆的佣金。若汽车价格越高，佣金甚至可达百圆，但与保险不同，每月仅能销售数辆而已。尽管如此，若卖掉4辆汽车，包含底薪每月就有230圆。若顺利的话，月销售10辆汽车，月薪即超过500圆。

但像是负责铁道或巴士公司这类大量采购企业的销售员，则采用固定薪资，月薪150~250圆左右。当时号称日本第一的大阪丰国汽车销售员牧濑幸吉，每月可卖掉20~30辆汽车，据说他也是领固定薪资。

不少大学毕业生也进入汽车公司工作，不过仍是担任营业部职员。《实业之日本》提到，因为大学毕业生的业绩不佳，所以销售员仍以小学或中学毕业者为主。“实因买方都是卡车公司的老板，或是圆计车行的老板，他们多为小学毕业，这些人多少带着自傲，又喜好发表偏颇的言论，如此可以避掉一言不和的冲突。”

也就是说，销售员只能点头称许主张“实力主义至上”的经营者之言论。看来无论是过去或现在，也不论任何行业，身为业务员都要领受顾客同样的说教。

这类的外务员也是上班族的一种，至于创业开设喫茶店或自行开店，又需要耗费多少资金，在其他章节再详述。

4 外资公司的薪资

在外资公司工作的上班族

就在一般日本人计较着超过“月薪百圆”或不超过时，即存在着“无论任何底层职员都不至于月薪 200 圆以下”的公司，那就是位于横滨子安的美国福特日本财团法人“日本福特汽车”。

根据昭和六年的《实业之日本》（五月十五日号）报道：日本福特的经理，也就是美国人卡帕先生当时的月薪是 4000 圆，一个月的薪水就超过日本中产阶级的目标年收入 3000 圆。当时，在日的外国人拥有破天荒的收入。三菱财团合并美国联合石油，创立了三菱石油，当时的美国人副社长月薪 2000 圆。与卡帕先生同年龄，但薪资仅有一半，不过在“发展中国家”的日本之一般职员看来，仍是遥不可及。

昭和六年，美国福特的净收益 4 千万美元，当时 1 美元等于

2圆，换算为日币则有8千万圆（相当现在的1600亿日元），事业处于日正当中。《实业之日本》报道：“福特、胜利（Victor）、柯达软片等美国外资企业也活跃于日本财经界，其中最具代表且经营得有声有色，并且职员薪资高的恐怕就属福特。”正因身居远东地区的分公司之首，惊人的待遇被视为“胜利组外资”。大正十四年日本仅有2.6万辆汽车，昭和九年约12万辆，“达特桑”（Datsun）等也勉强制造国产汽车。昭和八年，鲇川义介终于完成日产汽车的前期阶段。当时在街上奔驰的汽车仍以福特与通用的进口车为主，所以那些外资公司当然获利惊人。

卡帕先生管理的厂长月薪3000圆，日本人的贩售部长月薪1100圆。总经理秘书中村小姐，当时二十七岁，月薪400圆。她是当时日本外资公司的女强人，并且是知名的女性登山家先锋之一，会说流利的英语、德语。昭和六年三月二日的《东京时事新报》报道，她的月薪500圆，总而言之，就是当时女性平均月薪的十倍以上。同年龄且帝大毕业的男性也难以达到这样的水平，相当于官吏的局长级、军人的少将等级的月薪。

《东京时事新报》的报道写着，“她穿着深胭脂色洋装，戴着玳瑁粗圆框眼镜，果然是大公司的秘书，沉稳坐镇在秘书室内，每早八点至下午四点共八小时的时间，翻译或回复不断递来办公桌的几百封信件，（中略）‘你可是日本月薪第一的女性啊！’‘哎呀，但我一分钟可是才赚少少的4钱啊……’真是随机应变，展现出把话题巧妙带开的机智。”即使身处现代，依旧是令人刮目相看的女强人啊。

除了正式职员外，工厂的员工则采用时薪制，无论是多么无经验者也有时薪63钱，一天工作八个小时则约5圆（现在的1万日元），每月工作25天，共计125圆，即超过大学毕业后初任职的薪资。若是生产线的主任等级，日薪9～11圆；品管则是日薪18圆，因此月薪150圆，相当于日本企业部长等级的薪资。

不过根据《实业之日本》的报道，凡是主任级必须会说流利的英语。工厂员工的午休时间仅有三十分钟，工作时必须在生产线旁待命，有时连去上厕所的时间都没有。而且，“一旦被发现工作态度不佳，立刻开除”，“美国人干部对日本人，其实态度暴躁傲慢，简直是在对待奴隶”。看来当时即贯彻美系经营管理作风。

但是，在日本政府逐渐推行汽车国产化政策之下，以及在第二次世界大战爆发之同时，福特终于被日本福特合并接收。

第五章

白领阶层以外的都市生活

小泉癸已男的《昭和大东京百图绘》中的第五十景“新吉原仲之町夜樱”（昭和九年作品，摘自前述的《版画　东京百景》）

1　自主创业的资本

开一家喫茶店需资金 1000 圆

本章，则试着观察探讨白领阶层以外的都市人的生活。

首先是生意人。前章第三节的“大正泡沫经济世代与昭和一桁世代”，提到高等教育者过剩的昭和一桁世代，引来大正泡沫经济世代的财经人士的批评：“从学校毕业后不要净想着到大企业就业，何不考虑自行创业？”那么，在当时创业需要多少资金呢？

举例来说，若是经营喫茶店，当时的咖啡一杯 10 钱，高级的店家一杯 15 钱。带有额外服务的“咖啡厅”，一杯甚至高达 20 钱、30 钱，不过那毕竟是例外，所谓“纯喫茶纯喝咖啡”就是那等价位。石角春之助的《浅草经济学》（昭和八年）指出，喫茶店在当时，由老板娘收钱记账、冲泡咖啡，年轻女生充当服务生，颇类似家庭分工形式。

> 一天卖出二三十杯，足以经营下去。因为一杯咖啡的原料成本大多 23 钱左右。卖出 30 杯，即能支付房租、电费、服务生的月薪，还能作为生活费的收入。总而言之，一杯卖

15 钱，纵使使用的是摩卡等高级品，仍还有 10 钱的净收益。

总之，不景气的今日，若拿得出千圆，即能在像样之处开业做生意。

因此，只要准备相当于现在金额的 200 万日元，就能开始当起老板赚钱。不过，这笔钱近乎当时上班族的年收入。在第二章第四节的“借贷”中也提到，昭和一桁的借贷算是铤而走险之事。若借贷千圆，后果恐怕不堪设想。所以，必然需要靠自己存够资金。

昭和初期的浅草，洋食餐厅“PAULISTA”的 5 钱咖啡非常受欢迎，昭和八年歇业。当时有名的还有“中西”“白十字”“bon-soir”“里街”等喫茶店，此等级的店家一杯咖啡是 15 钱。

仲见世商店的月租 27 圆

开门做生意，也要考虑租金问题。一般的房屋租金可参考前述，那么商店的租金又是如何呢？根据《浅草经济学》，浅草仲见世商店街的租金平均每月 27 圆。不过，石角春之助提醒：“景气的时代，一天平均营收 30 ~ 50 圆左右，现在甚至不及其十分之一。”作者更批评，月租若不能随景气现状调降，空屋当然不断增加。来到昭和一桁，一般住宅的房租因不景气与供给过剩而下跌，不过商用地却不尽然。在《浅草经济学》里列举了许多不受不景气影响的店家，诸如浅草生意最好的香烟铺一个月的净营收不低于 300 圆，一家美容院平均一日的收入是 5 圆左右（一个月相当于 150 圆），果然是位于繁华地区的浅草啊！也因为如此，商店的租金始终居高不下。

不过随着经济形势下滑，浅草知名的露天摊贩的权利金也跟着下跌。石角指出，景气时代即使是1500圆或2000圆的高额权利金，依旧有人买卖。但来到昭和八年，纵使降到半价或三分之一的价格，仍无人问津。浅草的露天摊贩多是贩售烤鸡肉串、寿司、牛肉饭、西式料理、关东煮、炒面等店铺，一间间并排在广小路，景气的时候不论卖什么，一晚最少营收10～30圆左右。然而到了昭和八年，一晚不过五六十钱，顶多也不到三四圆，还必须每月支付区役所各80钱的道路税与照明费、每月1圆的水费、每月露天摊贩工会50钱的经费，合计一个月得负担6～8圆的开销，若再加上进货成本，不少店家几乎是勉强经营。

在庶民市街的浅草经营一间露天摊贩，原来并非简单之事。那么，如果是在银座、新宿等高级消费区开一家像样的店，又是什么样的状况呢？依据昭和十三年的数据，若在新宿开一家店面3间（1间约1.8米，3间约是5米）的店铺，权利金是7万圆（相当于现在的1.4亿日元）。银座则是4万～4.5万圆，涉谷的小巷是1万圆，因此新宿的权利金最高。但不可否认的确生意较佳，例如，高野果实店（之后的新宿高野）开店十三年已累积百万圆的资产，中村屋一天的营业额是6000～10000圆，所以即使权利金昂贵，大家还是争着在新宿开店。

但在房租方面，银座闹街上的月租为1500～2000圆，相较之下，新宿的店面3间只需300圆，显得非常便宜。涩谷也是百圆等级。换言之，想在当时的新兴闹市区涩谷开店，至少必须准备1

万圆资金，相当于现在的2千万日元。（昭和十三年十二月一日号《实业之日本》）

出租车司机的月薪50圆

徒手空拳想做生意，无论是古或今，最佳捷径就是开出租车。那么，昭和一桁的出租车司机的收入又如何呢？昭和十一年七月一日号的《实业之日本》刊载了《“圆计司机所见所闻”座谈会》的文章，出席者都是司机，他们每天采用轮班制，每月工作15天。若是新车，一天的收入可达20圆左右，但采用佣金制，可拿到总收入的二成，所以每月收入约是五六十圆。如前所述，即使是“圆计”，在最不景气的昭和五、六年，也曾经历东京市内仅收30钱车资的时代。以这样的价格，一天必须挣到20圆，想必必须行驶相当多趟。

除此之外，就是小费的收入。出席者们提到：“在筑地担任私人接送司机时，每月的小费有十四五圆，如今看来简直是梦一场！”现场尽是“过去真好”的感叹。当然也有例外。有位男子是某政治家的专属司机，月薪70圆，他每月存款60圆，五年存了4000圆，于是自己创业开设出租车车行，不过他说这个行业并不轻松。

座谈会中也闲聊到，有司机在丸之内载到四十五六岁貌似课长的男子，身边带着十八九岁像是员工的可爱女孩，要前往大冢的“个室”。中途女孩也许是不想而哭了起来，最后还是被女服务生硬拖着进到个室。看来，当时已存在硬拉着办公室女职员到旅馆的恶劣中年上司。此外，也有司机说："若不是后视镜，我们简直不知道那两个人竟在后座做起那档事，不该看到的全看到了。"或是"被带上车的女生，若还不到女朋友的程度，说什么也坚持平均分摊车资。"换言之，战前的人们与现在年轻的情侣并无二致。

2　犹如贫穷上班族的军人

"贫穷少尉，设法中尉，终于大尉"

> 在描述二二六事件等的新闻记事或小说中，经常出现某种形象的青年将校，无论是战前或战后始终不变。他们通常给人"不食人间烟火，悲愤难耐""几乎不求报酬，毫无金钱的概念""仅有的是忧国"的印象。但是这样的人，根本不存在于现实。就算看起来是悲愤难耐、忧国忧民的将校，还是宛如一般的上班族，每月拿着月薪过日子，只不过关于收入这件事，他们算是当时社会上最低阶、最贫穷的上班族。（山本七平《我内在的日本军》）

就我所知，无论是战前或战后，可以如此清楚写出军人状况的仅有山本七平了。他身为炮兵将校，在菲律宾经历残酷的战争与战败逃亡，对于日本军的僵化官僚制或愚劣之惯性，他比一般人更能冷静观察分析。不过山本认为，战前的社会对军人仍保有基本的尊敬，军人本身也怀着高自尊，尽管在待遇方面处在较低的阶级位置上，他们也清楚自己的处境，倒是二二六事件之后，让人们对军人怀有不恰当的联想。

那么，军人的月薪究竟是多少呢？与前述的一般上班族薪资标准比较起来，又是如何呢？战前人们常言："贫穷少尉，设法中尉，终于大尉。"若要取实际案例，不妨参考昭和四年十二月号《妇人之友》，家庭收支特辑里收录的陆军中尉之妻的日记。

她丈夫是学校配属的步兵将校，位阶二等中尉，月薪85圆，这份薪水必须养活夫妻与小婴儿以及妻子的妹妹，共4人。所谓的配属将校，是大正十四年推行的制度，将校必须常驻中学以上的学校，以负责学生的军事训练等。表面上是在教育学生"军人的精神"，实质上则是因为军缩，以此方式裁减过多的中间将校。阅读那些战前经历少年时代的人们的故事，内容常出现配属将校摆架子或殴打学生的场景，所以许多人对他们怀有不好的印象。然而就当事者来说，他们等于是被从总公司流放到分公司的闲职，是满腹委屈的。

那是大学毕业生平均月薪70圆左右的年代，她丈夫既是将校，基本上都是从陆军士官学校毕业，年龄应该是二十多岁至三十岁左右，想必结婚多年。这个年纪再加上有了孩子，85圆的月薪与民间大学毕业生或高等专门学校毕业生相较下，实在是偏低。参照表2，陆军将校的薪资区分为一等、二等阶级，若是一等，即使同属中尉，月薪可达94圆。

表 2　陆军军人的俸禄　　（单位：圆）

		俸禄年资（底薪）	月薪资（约数）		
			底薪	加班费	合计
大将		6600	550.000	220.000	770.000
中将（军司令官及师团长）		6000	500.000	200.000	700.000
中将等同官职		5800	483.333	193.333	676.660
少将等同官职		5000	416.666	166.666	583.330
大佐等同官职		4150	345.833	138.333	484.160
中佐等同官职		3220	268.333	107.333	375.660
少佐等同官职		2330	194.166	77.666	271.830
大尉等同官职	1 等	1900	158.333	63.333	221.660
	2 等	1650	137.500	55.000	192.500
	3 等	1470	122.500	49.000	171.500
中尉等同官职	1 等	1130	94.166	40.000	134.160
	2 等	1020	85.000	40.000	125.000
少尉等同官职		850	70.833	35.000	105.830
准士官	1 等	960	80.000	40.000	120.000
	2 等	900	75.000	37.800	112.800
曹长等同官职	1 等	804	67.000	37.800	104.800
	2 等	765	65.500	36.000	99.500
	3 等	720	60.000	34.000	94.200
军曹等同官职	1 等	666	55.500	30.600	86.100
	2 等	636	53.000	28.800	81.800
	3 等	600	50.000	27.000	77.000
	4 等	582	48.500	25.200	73.700
伍长等同官职	1 等	546	45.500	23.400	68.900
	2 等	528	44.000	22.500	66.500

根据昭和九年四月，第十九师团经理部资料“陆军军人军属俸禄其他一览表”制成。已省略年资加薪、执勤加薪等各种加薪以及停职中等的规定。

D 狗仔与 P 狗仔

在此，先大致说明战前的陆军将校教育制度。小学毕业后想要从军的小孩，仍必须进入一般中学就读，在中一或中二休学，然后转至三年制的陆军幼年学校。因为陆军幼年学校的入学考试约是中一程度，即使小学毕业也无法应付。中学毕业后准备从军者，则可参加陆军士官学校（陆士）的考试。大正九年以后的制度改为，陆军幼年学校毕业生或中学毕业生（准确来说，是具中学四年的教育程度，并通过入学考试的十六至二十岁者）即可入学陆士，预备科二年，再以士官候补生身份跟随各地连队半年，加上本科一年十一个月的教育训练即能毕业，共计是四年半的课程。

十六岁入学陆士，二十岁或二十一岁才能毕业，毕业后即任命为奏任官的少尉（在军队，判任官的最低阶是下士官）。各阶级皆有所谓的“实役停年制”，少尉至少必须留任一年、中尉两年、大尉三年，否则无法升到下一个阶级。实际上，在中日战争爆发以前，少尉若不能留任三年、中尉六或七年，则无法升级。因此杂志中的这位中尉若依照寻常的升迁制度，约是士官学校毕业后近十年才到了这个位阶。

若想成为将校，除了循陆士教育途径外，下士官也可以经由考试被选拔为陆士等，然后接受短期的“少尉候补者”教育。或是，也有速成培育大学生为将校的“干部候补生”等。不过，基本上还是以陆士为主。在现役将校中，又会选拔出二十岁左右的优秀者，进入两年制的陆军大学（陆大）就读。由于目的是培育未来的幕僚，所以并非自愿而是命令。因其徽章犹如天保通宝①，故称为“天保钱组”，比起取得学历，更近似精英干部的研修。不能去陆大的陆士生，就仅能升到佐官级为止。

陆士的学生中，来自幼年学校者与一般中学者的比例各半，但两方人马关系恶劣。

来自幼年学校者藐视来自一般中学者，称他们为“D狗仔”②，而来自一般中学者憎恨幼年学校生，称他们为“P狗仔”③。其对立已超乎人们的想象，非常严重。大正二年，在陆军士官学校，两方对立引发大冲突，甚至造成多人受伤。（中略）无论往后的升迁，阶级同志间仍存在着“D狗仔”“P狗仔”的抗争。（《日本军阀暗斗史》）

许多发展中的国家，若军人互结派系恶斗，往往使得国家无法平静，当时的日本也不例外。只是不知，杂志里的那位中尉究竟是“D狗仔”呢？还是“P狗仔”？

住在小巷长屋的将校

杂志里的这位中尉，一家四口包含房租在内的20圆，每月住宅费用21圆80钱。由第二章可知，这样的价位在东京根本租借

① 江户末期至明治流通的货币。——译者注

② 幼年学校学生又名“cadet”（军校生），所以简称C生，比C还不如就是D。——译者注

③ 认为他们不配作为“cadet”（军校生），充其量只是“pupil”（小学生）。——译者注

不到像样的房子。中尉的妻子说："虽然租金曾短暂下跌，但20圆左右在东京郊区根本租不到适合的房子。不得已，只好住进大森的下町小巷里的破烂屋子，委身在这个门面仅有五米宽却要月租20圆的家里。"丈夫在地方的部队服役时，尚还有住宅费用补助，而且房租相当便宜，没想到分配到东京的学校成为配属将校，生活反而更辛苦。尽管扶养家属共3人，但薪水的25%都付了房租，生活的确不易。想必中尉本人也认为时运不济，生活不如从前，一年到头都心情郁闷吧。

山本七平也提到，"中尉等级只能租借到分租房，大尉等级，则租住在近连队后门、一年四季都照不到阳光的百间相连长屋。"他某日造访带领连队看似风光的副官家，遍寻不到，好不容易找到，却是仅四张半榻榻米与三张榻榻米大小房间的小巷长屋。

杂志里的中尉妻子说，食费36圆，11圆是米钱，约是当时一般家庭的食量，剩余19圆是配菜等费用，"必须用心省吃俭用"。丈夫是军人，所以喜欢吃肉，"连续三天都是蔬食，立刻会摆出脸色，所以身为妻子的我更得费尽心思"。加上丈夫喜欢喝酒，"晚餐前若不喝一口酒，他就显得落寞"。但是，身为一家的主妇，"丈夫仅有80圆或百圆的薄薪，若是让他每晚喝酒，一家人要如何生活下去"。所以规定每月仅花6圆的酒钱，2圆1.8升的酒，一个月限制3瓶。原来就连消解压力，也不能随心所欲。

治装费仅有3圆，而且多用于修补，"我已经好久不曾买过一件像样的和服了"，"丈夫的正式服装虽是军服，但看着那过于陈旧的色泽，就连我也忍不住黯然落泪"。原来，所属部队的军人可以领到购买军服的治装费，可是配属将校却不然。

在战争末期因学生动员成为干部候补生的户井昌造回忆说，昭和十九年末以“购买私物”名义被迫买下见习士官用的军服一套，价格分别是帽子3圆5钱、冬装上衣37圆50钱、冬装裤子19圆30钱、外套60圆、绑鞋带靴20圆等，约是战前在百货公司买到便宜成衣或鞋子的价钱。晋升到士官还必须自费购买150圆的军刀以及百圆的望远镜，总额恐怕达700圆。（《战争指南　我那时二十岁》）

不过那是持续通货膨胀的战争末期的价格，昭和四年应该仅有其半价吧。即使整套军服在50圆左右，对中尉一家仍是沉重的负担。

配属于学校的唯一好处是，少了交际费。丈夫在部队时多有应酬，身为妻子也必须出席将校妇人会等，但配属将校“被本队当作是预备役对待，在学校又被学校的职员当作是特异分子”，“尽是备受孤立的寂寞，不过少了应酬费，对薪水微薄的人来说反而是一大解脱”。这番话倒是让人忍不住同情起来。

这一家人在年末或年度结算时可领到两个月薪水的奖金，再加上演讲的谢礼等，一年内除了月薪外还有200圆的临时收入。虽说如此，每月还是免不了东补西填赤字。最后，这位妻子说近来丈夫可能会晋级大尉，她充满期待地说：“希望我家的收支能变得宽裕。”成为大尉即是三等薪，月薪直冲120圆，做妻子的难免怀有无限的梦想，想着既能存款等，或许还能帮丈夫换件新的军服。

晋升大尉更加辛苦

那么，晋升大尉后生活真的宽裕了吗？看来那位中尉的妻子恐怕要失望了，昭和八年十一月号的《妇女界》刊载《话说大尉之妻》的记事。这回在杂志出场的是服务东京部队的陆军大尉二级的妻子，月薪 137 圆 50 钱，与前述的上尉相较下，似乎生活更宽裕，不过因领了阶行社配给的调味料、药品、化妆品等，所以必须从薪水中扣除十四五圆的费用，实际仅领到 120 圆左右。阶行社是陆军军人的社交俱乐部，但从文中看来似乎也针对军人家庭廉价贩售各种杂货等，换言之犹如现在的“生协”①。

夫妇育有四个孩子，最大的是男孩，还是小学生。虽未写出丈夫的年纪，猜测是三十多岁吧。一家六口，无法住在窄小的房子中，所以在郊区租借了有玄关的房子。房租远远超过中尉一家，月租 32 圆，占去月收入的近 25%。此外，与配属将校的中尉不同，其工作地是东京，“丈夫的应酬频频”，包含应酬费在内，孩子的医疗费也十分惊人。她说：“每月每月都被钱追着跑，根本没有办法存款等。”

昭和八年日本终于摆脱不景气，战争爆发后军人地位不断提升，这位妻子忍不住抱怨：“我经常被说现在是军人当道，可享清福了。”她忿忿地说：“中尉、大尉的八九十圆至一百二三十圆的俸禄，一个家庭少说有两三个孩子，说什么‘军人当道，可享清

---

① 类似消费者合作社。——译者注

福'，根本不是那回事。”她认为比起失业的家庭或许还过得去，可是绝不轻松自在。

身为军人，其实尉官级的生活非常清苦。后来成为关东军参谋的濑岛龙三回想，在“贫穷中尉”的时期也常被月底的账单追得喘不过气，“赊账不断飞入的月底的周日，老是听到外面有人敲门的声音，我与妻子静静待在屋内，不敢出声。如今回想多亏妻子的母亲照顾我们，让生活得以过下去”。为了女婿将来的出人头地，妻子娘家不惜伸手援助，终于撑过年轻时的薄薪生活，也是战后许多高级官僚的写照。

年薪与同年龄的官僚形成大落差

战前时期，这般的薪资基准始终不变，身为军人，想要改善薪资唯一之道就是升迁。但是，可以升迁至年薪超过 5000 圆的将官者，那些人又称为“天保钱组”，仅有陆军大学毕业的部分精英，即使是陆士毕业生至多也只能升迁至年薪 3200 圆的中佐。

百濑孝针对明治二十九年（1896）出生的同年龄之官僚、大学教授、军人，就昭和十年当时的社会地位与年收入做比较。这三人当时都是四十岁，大正九年自东大毕业的 A，是高等官二等的商工省局长，年收入 4300 圆。同样毕业自东大的 B，也是高等官二等的东大法学部教授，包含职务俸禄年薪共 3250 圆。大正六年为陆士，大正十四年自陆大毕业的 C，是高等官五等的参谋本部勤务陆军炮兵少佐，年收入 2330 圆，明显可看出落差。百濑写道："难怪陆士陆大毕业后成为将校者，总以为自己头脑优于东大毕业的高等官，但官等俸禄间的落差如此之悬殊，想必必有不满者。"（《事典　昭和战前期的日本》）

而问题往往浮现在离开军队后。退休的年纪依阶级而不同，兵科的中佐是五十三岁，大佐是五十五岁，少将是五十八岁。离开现役，数年内仍是后备役，或被编入预备役，若不再征召即是退役，而后则靠国家的资助生活。山本七平表示，昭和十年以后的通货膨胀，彻底影响到下级将校或退役军人的生活。于是，退役军人被迫穿着军服到处游说推销"征兵保险"，变成为生活所苦的退役军人的谋生手段，山本说："对自尊极高的青年将校来说，这样的事以及他们日后也可能步上后尘，都感到难以忍受。"（《我内在的日本军》）

自尊心因这般薪资实态而被踩得粉碎的军人们，来到战时体制下又不同了。若是配属将校，原本中尉二等仅有底薪 85 圆，去到部队因执勤加薪又多了 40 圆，足足上涨为 125 圆。大尉二等的底薪是 137 圆 50 钱，加上加薪的 55 圆，月薪达到近 200 圆。因此，军人虽不说战争的好，但待遇远比无战事时好得太多却也是事实。

山本七平在《我内在的日本军》中引用了战前战时军队广泛流传的地下刊物《满期操典》中的一段文字：

"战争为何从不结束，因为如果没有战争，将校就不能加薪，不能加薪就找不到老婆。"

身为军人的上班族

与“身为上班族的军人”相反的是，“身为军人的上班族”。战前的社会与现在截然不同之处，关键就在“预备役”制。平时国家就拥有大量的职业军人，就算领的是薄薪，对国家的财政也是一大负担。因此，接受短期将校教育者则成为“预备役将校”，无战事时仍可像一般人上班工作，战时即能立刻动员入伍。由此看来，军人的雇用也渗透社会民间，换言之，公司里共事的同事、小孩的学校老师，其实是预备役陆军少尉也不是什么稀罕之事。

而成为供给源的即是“一年志愿兵”制度。对象是中学毕业生，如自己负担入营费用（一年 240 圆），原本二年的兵役则可缩短为一年，而后担任四个月的见习士官，通过考试后即是预备役陆军少尉。此制度，从明治时代延续到昭和二年为止。如前所述，当时的社会，旧制中学毕业者属高学历，而且，可以负担 240 圆者也表示家中富裕，因而被批评是优待富人，所以在昭和时期改为“干部候补生”。不过，依旧是“一年现役兵”制度，形同师范学校毕业即是小学教员那般。

战前的上班族作家秦丰吉也在进入三菱商事后，于大正七年以一年志愿兵入营，进入麻布的步兵第一连队。阅读其著作《三菱物语》，即可发现他的军中同伴都是服务三井、三菱、日本邮船、野村证券、山下汽车等大企业的年轻上班族。服役的前半年做着类似经理的工作，生活轻松，尽管处于休职期间，每个月公司还会发半薪。退役前夕，他们招待中队长等人去四谷的牛肉屋吃饭，取得归队延期许可后，穿着军服到新宿的游廓玩乐。相较起来，战时那些人则经历营内的私法处罚或凌虐等惨痛经验。

上班族的一年志愿兵得以如此骄纵妄为，实在是因为第一次世界大战后正值经济景气，陆军士官学校的志愿入校者减少，纵使考上了也宁愿去旧制高中，与当时军人的不受青睐有关。陆士由于不需要负担学费，出身清寒的子弟争相入学，但景气时民间企业也争着求才，所以大部分的人都不愿意从军。身为军人的风险，也不仅是万一发生战争时必须率先赴战场。如前所述，大正后期的通货膨胀造成上班族的薪资基准大幅调涨，让军人的薪资更显寒酸。再加上第一次世界大战后，社会弥漫着无战事的氛围，以及大正民主主义逼得旧有的权威不得不退让，军人显得刺眼。当时为避开世人嫌恶的眼光，有些军人甚至穿着西装上班，直到抵达公司才换上军服。

大正九年，曾担任首相的大偎重信在陆军杂志《偕行社记事》发表了《军人志愿者减少之弊》一文，显示政府也对此抱有危机感。大偎当时即指出："下级士官勉强才能养活自己，怎么可能还养妻、养子。"控诉军人的薪资待遇恶劣。在军队期间还算好，退役后生活需靠着国家的补助，"然而，今日物价翻涨，生活更是无所寄托"。文中强烈要求调涨军人薪资，认为军人的薪资基准调整不及民间的脚步，如前所述，即使昭和时，军人的待遇仍与民间有着极大的落差。

明治二十五年（1892）出生的秦丰吉，在第二次世界大战开战之际已经近五十岁，尽管为预备役身份，并未被征召。然而再年轻十岁左右的下一代，也就是四十岁左右的预备役也在战争期间陆续动员入伍。

到了昭和时期，原本予人轻松享乐印象的一年志愿制，更改为“干部候补生”制度，但特别待遇依然存在。之后军方决定施以改革，召集入营者通过考试即是干部候补生，经两年训练的后见习士官，才得以成为预备役少尉。根据百濑孝的调查，中日战争以后许多大学毕业生也经由考试成为干部候补生，原本是以中学或商业学校毕业生居多，当时都是基于“既然都要服兵役，还不如当个将校”这样的想法，也显示战前人们的心态与价值观。但干部候补生应付不来时，终于学徒也被推向战线，昨天还是大学生的人在短期训练下迅速成为零经验的将校，然后身居历经百战的下士官之上。

3 女性的生活

廉价到骇人的女性薪资

目前所见的都是以男性为主的生活样貌。那么，女性的生活又如何呢？提到昭和初期的女性，教科书必然出现“摩登女郎”的照片，那象征着社会某个崭新的现象，但却与那个时代一般女性的样貌有着极大的差距。一如现代以各种“某女”标记各时代的女性，但对该时代的人们来说却是匪夷所思的。

实际上，当时大多女性都选择结婚，走入家庭，生儿育女。促成此现象的社会背景，则是由于与现在截然不同、极度渺小的就业机会与低薪。大正时期开始出现所谓“职业妇女”的词汇，人们渐渐认知到女性也得以工作，但在明治时代简直是不可思议的事。多数的女性待在家中，给人“温柔的母亲”的形象，但是不是所有的女性都甘愿选择这样的生活方式，则不得而知了。

不如现在的职业女性可以领到高薪，当时的女性一旦离开双亲独立自主，就必须租屋生活，在昭和初年，实在是非常艰难的事。

昭和九年十二月号的《妇女之友》刊登了《拥有职业的女孩的生活》，书写本文的年轻女子 K 子在私人经营的商店工作，日薪 80 钱，每半年调涨 5 钱，年末还可领到 3 圆的奖金，相当于平均月领 21 ~ 25 圆左右，年收入也不过 288 圆。她与朋友合租四张榻榻米大小的房间，月租 5 圆，若包含瓦斯费在内一个月平均一人分摊 3 圆。米钱每月耗费五六圆，妇女杂志与报纸等费用也与朋友平摊，另外还每月花费 1 圆学费学习写字，每个月仅能存下 1 圆或 3 圆。她说：“存下来的钱根本不足以负担结婚费用。”父母亲每月还会寄来 2 圆的生活费。

看来是相当努力生活的女性，因此《妇女之友》采用了她的文章，但这并非当时特殊的案例。大正十三年的东京都社会局进行了“职业妇女调查”，当时的女性仅有少数可以成为专业教师，月领 67 圆，而且算是最高薪资。除此之外，打字员是 40 圆、护士是 39 圆、职员或店员是 32 或 33 圆。男性的薪资在大正泡沫经济期调涨了，但直到昭和九年，女性的薪资依旧没有太大的改变。即使经历昭和一桁时期，女性的平均薪资仍徘徊在 30 ~ 40 圆以下，约是男性大学毕业生的初任职薪资的一半。纵使战后，日本男女薪资的差别待遇依然不变，1970 年男性的薪资若为 100，女性仅有 56.1，直到 1996 年才终于上升到 63.5。

比起男性更渺小的教育机会

女性教师算是专门性职业，但比起男性教师，薪资仍偏低。明治至大正时期还属于发展中国家的日本，当时最大的政策目标就是提升义务教育率，因此确保教师人数成为最优先的课题。为此，才让薪资较低廉的女性得以受教育成为教师。村上信彦如此写道：

> 两名小学男教师的薪水，就足以雇用三名女教师，因此为了培育女教师，才是师范学校兴建的最大原因，说是所有女性职业的代表，说穿了只是因为薪资比男性低。若硬合理化，也就是男性必须负担家庭生活的全部，而女性仅是辅助家庭收支，毕竟打从一开始就不认同女性可以独立自主地生活。而这样的概念，皆始于家庭制度。（《大正时期的职业妇女》）

当时男性受高等教育者仍仅是少数，女性受教育的机会更少。高等女学校（高女）相当于男性的旧制中学，根据秋山正美的《少女们的昭和史》，昭和元年男女小学生共计 930 万人，相较之下，高女的学生仅有 32.6 万人。即使到了昭和十年，共计 1142 万名的小学生，仅有不到 41 万人升学进入高女就读。明治三十二年（1899）公布高等女学校令的当时，计有 37 所，昭和十年增加到 794 所。进入昭和年代，小学生中有半数是女生，不过平均十二三人中仅有一人升学到高女。秋山正美写道："就连都市地区，一个班级仅有四五人升学，若是农渔村地方，恐怕所有的班级皆无人参加升学考试。"阻碍男生升学的还是学费问题，女生当然也是，高等女学校的一年学费约40圆，无法每月负担3圆以上的家庭毕竟占多数。若再继续升入大学，女子大学仅有数所，而且严格说起来只是专门学校。仅有明治、东洋等部分私立大学愿意接受女生入学。

在父权制度下被迫走入家庭的女性们，自大正时代开始频频参与社会运动或寻求差别待遇的改善，不过日本社会依然冰冷如昔。举例来说，大正八年五月的《报知新闻》出现了这样的新闻标题："抗议撤废主从差别待遇的女服务生们"，并以这般笔调报道："女服务生们的期望日渐高涨，首先是要求废除主从的差别，接下来莫非要求尊重人格，或是要求给予读书的闲暇等，简直是好大的口气啊。"感觉像是，对于所谓的"下女"都出现了人权意识，惊讶得不得不写成"新闻"。

摩登女郎的失败

进入昭和时代，女性的自我主张更加强烈，短发、洋装的"摩登女郎"成为媒体的宠儿。不过，如第二章的"和服与洋服"，多数的女性依旧是身着和服，始终难以摆脱"洋装看起来不够庄重"的印象。另外，杂志媒体等将"摩登女郎"与"性开放"画上先入为主的等号。在地方，被指是"摩登女郎"的少女不堪其扰，甚至出现自杀的案例。左派也视"摩登女郎"不过是社会现象，并无意将其解释为一种女性解放。

大正时期的流行作家，而后转为无产阶级文学作家的片冈铁兵，在昭和四年写了讽刺意味浓厚的短篇小说。主角是以“摩登风”为傲的咖啡厅跳舞女郎，她与开着派克汽车到处跑的有钱客人约会。结果，擅于挖苦人的表哥指着她说：“玩不出新把戏。说什么在旅馆过夜，性欲就是性欲。”说其男友与旧情人不过是“形体与速度”的不同罢了。她极力辩解：“不一样，他是摩登男！”回到家，本来在银行担任警卫的父亲竟遭到解雇，撞见母亲与父亲正在大吵大闹，母亲指着父亲连声粗口，骂道：“你这个没有用的人！”暗示看似自在潇洒的摩登女郎，生活的背后其实也充满惨淡。（昭和四年二月号《中央公论》，《通往形式与速度的生活》）

说来说去，仍离不开就业机会稀少，但不能否认的是“摩登女郎”背地里的贫困。而后又有所谓的“百货公司女郎”“加油女郎（加油站的店员）”“巴士女郎（巴士的车掌）”，女性虽有新的职场与工作机会，但“女郎”的称谓，说明社会仍带着有色的眼光看待。昭和初年，女性就业仿佛新兴蓬勃，但这些崭新的职业的薪资仅 30 圆左右，还称不上高薪。

假设进入大企业工作，职场的氛围也让女性难以适应。毕竟，当时并无性骚扰等观念。昭和八年二月号的《文艺春秋》刊登了《现代思想调查　职业妇女的想法呢?》的记事，当时女性记者算是职业女性中的精英阶层，但她们批评男性同事：“他们以为工作室或公司是家庭的延伸，女性记者或工作人员是办公室主妇。”

走在银座的摩登女郎
（昭和八年左右，照片提供：共同通信社）

（女子大学毕业，在通信社工作的已婚二十五岁女性。）或是，“无论是上司或同事，在我面前若无其事地大声说那些难以启齿的色情之事。”“身为一名女性，遭到如此无视与侮辱，简直令人难以容忍。”（女子学校毕业的银行打字员。）

感觉直到最近，日本的公司还处在那样的氛围中。另外，原来从战前即存在着“办公室主妇”这个词汇。

大卖春王国

区役所的上班族日，以二十一日为首，然后持续个四五天，大家恨不得赶紧拿着没有折痕像是刚印出来的10圆纸钞付钱。街上穿着西装的绅士们犹如天际飘扬的鲤鱼旗，络绎不绝，他们彷佛口袋里藏有细碎零钱是种耻辱，总要从最熟悉的关东煮或两三瓶热酒开始吃起。也许起初也不打算那样，决定彻底歼灭满怀的惆怅后，从这间酒馆到那家酒馆，从一丁目直到八丁目，推着脚踏车终于来到新桥小巷里的色情酒吧，纵使想狂饮冰水脱身而去也来不及了，此时时间已过十二点钟。(昭和六年六月号《改造》，酒井真人《美人电车时》)

无论是当时或现在，男人的夜生活大致无异，不过昭和一桁时期，可说是卖春产业的全盛期。对男人来说，夜晚的世界充满着诱惑。

小学毕业后，女生多半必须外出工作养家，当时的工作环境非常残酷。根据秋山正美的《少女们的昭和史》，昭和五年日本内陆的女子人口为3205万人，其中1509万人属于就业状态，六成的人从事农业或其相关产业。到了翌年的昭和六年，所谓的劳动女性，全国总数约147万人，65%的工厂劳工一天的平均工作时间达十小时以上。同年，东京市也进行调查，市内的一般小学毕业生中，约有6000人被以相当于“买卖人口”的方式，来到商店或艺妓处工作。

纪田顺一郎在《东京的下层社会》推论，昭和初期日本全国的公娼约 5 万人，而总共 11 万人的陪酒女中有过半数曾从事卖春的工作，包含私娼或咖啡厅女服务生等在内，约有 15 万人持续着卖春的工作。当时，十五至三十五岁的女性人口约 1040 万人，“保守估计六十七人中就有一人从事卖春的工作”。不少人是因为父亲的借贷或家人生病等，不得不卖春以谋生计。由于成为艺妓或娼妓，需要近亲者的认同，纪田写道：“纵使是因为贫穷不得不卖掉长女，可是食髓知味，终究停不了手，于是二女、三女相继卖掉，如此寡廉鲜耻的双亲甚多。”所以当时女性的职业“不是女工就是女郎”，的确是事实。

娼妓的预借金平均 1100 圆

纪田也参考了战前社会福祉推动者草间八十雄的《女服务生与卖笑女》（昭和五年出版），其内容指出，昭和三年的娼妓平均一人一年接客 763 人，所得 2320 圆，不过卖身时预借金额平均 1114 圆（昭和二年时）。所得的大部分必须给游廓的经营者，一名娼妓的平均净收入仅 660 圆，换言之一名顾客一次仅收取 86 钱。游廓经营者从娼妓身上拿回预借金本金与利息，甚至支付娼妓的治装费等，所以想要偿还预借金，以获得自由之身，其实难之又难。

另外，当时吉原的卖春费用，最高级的店家四小时 8 圆，过夜 17 圆。最便宜的等级，一小时 1 圆 50 钱，过夜 6 圆。换成现在的金额，3000 日元即能享受到陪酒嬉戏。草间的书中记载了某案例，两人在浅草的个室召来两位“二流的艺妓”，彻夜陪酒嬉戏，包含召唤金、小费、宴席场地费、饮食费等，总共一人平均分摊约 20 圆。所谓的个室，是仅租借某个房间作为与艺妓嬉戏等之用，算是一种和式的休息旅馆。若换作现在的金额，总共 4 万日元即能与艺妓彻夜狂欢。随意就与客人过夜的艺妓被称为“不见转”，一晚 10 圆左右。草间写道：“近来不见转嚣张跋扈，即使是穿着工作衣的工人，只要其怀中有 10 圆，也愿意陪着进个室。”

卖春费也有通货紧缩

永井荷风的《濹东绮谭》是以玉之井等私娼窟为小说背景，这些地方更便宜，昭和四年时过夜费 3 ~ 10 圆。而且因经济不景气，比起大正时期的 5 ~ 10 圆，显然降价了。永井荷风在昭和八年十月的日记中写道：“震灾后的二三年间，经济复苏之故，私窝子（意指私娼）的价钱甚至达一晚二三十圆，急转直下的现在，即使只需 15 圆，仍属高价，一般 6 ~ 10 圆不等。”由于不景气，无论是双亲或女儿都苦无生计，卖身者也增加了。但是草间八十雄提及，根据六年以来的统计，直到经济状况还未到谷底的昭和二年为止，即使希望卖身，仍有半数无法顺利“就业”。

当时，想要成为娼妓，若是未成年者不仅须经过父母同意，为证明迫于经济无奈，父母亲不得拥有不动产等。同时东京规定，艺妓必须是一般小学毕业，曾经担任艺妓或娼妓者，歇业不到一定的年数不得“再就业”。还不仅如此，草间认为还涉及“年龄问题、健康与否、容貌如何、技艺有无”等，许多无法顺利“就业”的原因常出自彼此难以达成协议。总而言之，无法在公娼“就业”的女性只得转往私娼。因此，私下卖春者增加，银座街头甚至出现“阻街女”，供给过剩的结果导致价格下滑。针对公娼以外的卖春，警察只得频频突袭个室“临检”取缔，算是为生意遭到威胁的合法游廓撑腰。昭和一桁时期的通货紧缩，竟然也波及这个层面，但也使得当时男人的买春显得轻松容易。

战前的“援助交际”

越是不景气，色情行业越发展，最后就连作为“昭和摩登”象征的咖啡厅也沦落为色情行业场所。昭和七年五月永井荷风的日记写道：“京桥……有间棚屋的咖啡厅。……听说 3 圆即能买春。”显然也变成色情场所了。

私下卖春的情形颇盛。永井荷风在昭和七年春的日记中，提到在银座的街头被两位年轻女孩搭讪的经验，看来像是人们绘声绘色描述的银座“阻街女”。那位看似大姐头的女孩要他给她 5 圆，另一人 1 圆或 2 圆都好。他们搭着圆计去芝区的隐密个室，那是五一五事件①前一周发生的事。

同样是昭和七年，月岛小学的女教师利用晚上时间在银座的咖啡厅打工，最后过夜时趁着客人睡着偷窃而遭到逮捕。那位女

① 以日本海军少壮派为首的组织，强行进入总理大臣官邸，刺杀了支持护宪的犬养毅首相。——译者注

教师的夜晚工作，让她储蓄了两三千圆，不过这个事件在当时相当令人震惊，因此连妇女杂志等也纷纷报道。当然，敏感的永井荷风也在日记中写下这个事件。

接着，还出现有女学生的约会俱乐部。昭和八年，曾是新桥艺妓的银座小料理店老板娘（四十九岁），在报纸刊登征求家庭教师的广告，然后对前来应征的女性游说劝说，组织了会员43名的高级约会俱乐部。最后事件曝光，报纸报道："以贵众两院议员到华族、银行、公司重要干部等为对象，一次5～20圆不等，可说扰乱社会风纪。"会员中，还有某高等女学校学生（十八岁）混在其中。（昭和八年六月二十日《读卖新闻》）

昭和八年以后，景气开始复苏，色情业界的通货膨胀逐渐回稳，咖啡厅各种名目的服务也消失不见。来到昭和二十年左右，即使客人要求"特别的服务"，有些咖啡厅甚至会拒绝。

不过私下卖春，多半是迫于生活的贫困，纵使在战时体制下，仍以各种形式存在着。例如，有小孩而死了丈夫的寡妇，由于当时女性雇用机会渺小，又无社会福利保障，许多女性不得不以此谋生。

昭和十五年一月，永井荷风在日记中写道："在报纸刊登征求交往的卖春女，去年开始突然增多……广告文中，请赐援助的文字，倒不像卖春，而像请求纳为妾。"同年十一月，日记详细记载某三年前死了丈夫的女子，年纪三十岁，育有一女，在市役所工作，每月月薪40圆。

该名女子由于生活费用支出多，再加上担心女儿的将来，在女同事的介绍下开始从事“见不得人的买卖”。“她说，想趁着三四年内努力赚钱存钱，筹足可以开一间关东煮或卖香烟小店的资金，好让女儿得以受教育。”

尽管也是“援助交际”，可是理由却迫于现实。即使到了物价不断攀升的昭和十五年，女性职员的月薪依旧仅有 40 圆。所以若那名女子的丈夫安然健在，事情或许就不至于发展至如此地步。

4 人妻们的奢侈浪费

最大的敌人是同性

如此即能明白，战前的女性憧憬成为“人妻”。如果找不到拥有稳定收入的丈夫，除了教师等的部分职业外，也只能屈就低薪的“职业妇女”，或是不得不选择卖春。

对“人妻”来说，最大的敌人还是同性。当时那个全然以男性为优势的社会，正处于“大卖春王国”的时代。男人所到之处，都充满着诱惑。当时的妇女杂志经常刊登妻子泣诉丈夫外遇或寻欢不归的求助信或投稿，“月薪百圆”级的家庭收支，却浪费在外面女人的身上，实在是极大的打击。

昭和五年十月号的《妇人公论》，刊登了女记者突击大阪以“色情女服务生”闻名的咖啡厅“美人座”的采访稿，内容暴露了女性读者们的丈夫究竟在这样的地方撒下多少金钱。(《男性的欢乐境采访记》)

男の歡樂境探訪記

婦人記者

男の歡樂境――ジャズで踊つてリキユールに更ける酒場、ダンスホールをはじめとして、古くは、粋な爪彈きにしつぽりと盃を酌む紅燈の巷……その趣に差こそあれ、女に知らされぬ男の享樂の世界を、讀者諸姉、そつとのぞき見したいとはお思ひになりませぬか。

男性は――青年老年を問はず――いつたいどんな場所で、如何なる雰圍氣を樂しみ、何に惹かれて醉つてゐるのか、あまりに知らされなさすぎる私たち女性です。

まあ、惡趣味だわ――と眉をひそめないで下さい。どうせ安つぽい女給や藝者枠手のただれた世界だから――と無視する前に、世の奧樣、未婚のお嬢樣よ、まづ赤裸な男性心理を歡樂境で拾つてみるのも、また一興ではありませんか。

家庭で見る父親――良人は、飽くまで善良であり、紳士的です。

だが……歡樂境の男性は、あらゆる束縛から解放された一人の男が、よし五人の父である身ではあつても、ここに於ては完全に、家庭を忘れ、妻を、子を見失つて、ただ「男性」の本能のまゝに、官能の刺戟を求め、第六感を麻痺せしめてゆく、自由人の男の姿が描き出されてゐます。

歡樂境といふ稜鏡を通して見る男性の

―― 歡樂境探訪記 ――　(256)

取自昭和五年十月号《妇人公论》
插画家 和田邦坊

想占据女服务生为己有的人，甚至会给5圆或10圆的小费哦，不过在银座这一带，平均1圆的小费根本不算什么。

大学刚毕业、月薪仅有六七十圆，必须每月分期付款购买西装的年轻人，可不许到酒吧来哦。

所以自然的，这里的客人中年人比年轻人多。

酒吧一杯洋酒 1 圆起步，啤酒约七八十钱。即使是现在，饮料费依然昂贵，不过若以两千倍换算，约是现在“敲竹杠”的等级。

“二三人高高兴兴畅饮，10 圆或 15 圆就那么蒸发了。”

女记者怒斥：“只要他们稳坐一家之主的宝座，做妻子的连一匹 10 圆的铭仙也不能买，说什么浪费瓦斯费，说什么买东西不懂得节约，就连支出多了 1 圆、2 圆也要斤斤计较。”不过这番抗议，恐怕是难以传到丈夫的耳中吧。

月薪百圆以下凭什么雇用女佣!

不过，奢侈浪费的也不仅是丈夫的拈花惹草。事实上，包含妻子在内的中产阶级的家庭收支，的确遭到奢侈浪费的批评。大正中期通货膨胀后直到昭和一桁，社会对中产阶级发出了“合理化不合理的生活！停止浪费！不要硬撑场面!”的口号。

无论是大正时期的异常通货膨胀或昭和经济恐慌，最大的原因都在于整体经济政策的失败，可是当时的政策决策者或知识分子却不那么认为。反而认为，个人家庭收支的不合理习惯招致不必要的消费，或是浪费在贵重的进口品上。基本上，当时日本的进口过剩，消费的“浪费”引发不断扩大的贸易赤字，也是整体经济不可否认的问题。家庭收支合理化运动，从大正时期的“生活改善运动”即开始，直到昭和八年以后的通货膨胀时期，就连妇女杂志也频频倡导。

> 于日本，无论是官吏或公司职员，只不过是30圆或50圆的月薪，可是你们的妻子却像贵妇似的，买东西都是请行商人送来，月底结账，有些家庭还雇用了一名女佣。真是错误的习惯，在国外，月薪百圆以下的家庭根本没有女佣。（大正六年二月一日号《实业之日本》，山本唯三郎《比起加薪，当务之急是改变生活习惯》）

行商人是战后依旧存在且令人颇怀念的行业，他们是进出酒铺、鱼店等的商人，会巡回拜访各家庭有无需购买商品，送货到府，并采月底结账的方式。不过，就卖家来说这种赊账的方式，由于有被倒账的危险，因此，比起在店家以现金交易，还要贵上10%左右。山本唯三郎想说的是，既然是家庭主妇为何不亲自到店家购买，反而便宜，胡乱地吵着调涨薪水，其实在此之前应该做的是节约。随着大战景气的通货膨胀引发调涨薪水的议题，山本的发言不免让人觉得是站在当时经营者的立场，但是当时的社会的确普遍认为，相对于收入，他们实在太打肿脸充胖子了。将中产阶级的年薪标准设定在3000圆的森本厚吉也认为，“日本有太多无谓的送礼习惯或社交应酬开支。”

尽管原因诸多，当时的知识分子往往归咎于“民族性”。尤其是大正时期的战前，拥有中学以上学历、任职于政府机构或企业的阶级，弥漫着“充场面”的氛围。也许是明治以前的身份制度之残余，送给上司等中元礼品或宴客或回礼等的社交应酬费万万不可少，若是不得体，往往引来批评，可惨的是还会断送升迁的机会。对身处在这种因袭旋涡中的人们来说，这些“交际应酬”根本不是森本所说的无意义。社会普遍也默认，得以生存在精英阶层是必须付出代价的。所以到和服店等场所，店家的必杀绝句就是“像贵府这样的等级，若不准备这样程度的东西，恐怕会遭到闲言闲语”，借此卖出高价商品。论到底，“难堪丢脸”“风评不佳”是绝对的禁忌。纵使备受媒体批判责难，人们的生活习惯还是无法改变。

艺妓同席的宴席一次 60 圆

进入昭和年代，经济不景气来袭，家庭收支合理化的呼声更加蓬勃。追本溯源，就是以奖励家庭收支簿运动的羽仁为首的女性杂志《妇人之友》。有别于走大众路线的《主妇之女》或妇女解放路线的《妇人公论》，《妇人之友》的最大宗旨就是家庭收支的合理化，尤其是随杂志赠送的家庭收支簿非常受欢迎。

《妇人之友》的合理化运动相当彻底，在昭和四年十二月召集官员、企业家、医师等较富裕阶层的太太们进行“家庭收支簿座谈会”，会程中不断抱怨开支的浪费，其中最为诟病的就是宴席费用。

官员夫人 A：“若是西式料理，一个人约 7 圆或 10 圆；若是日本料理，总要花费 20 圆以上，而且依随艺妓的等级，有时至多一人得花费 60 圆或 70 圆。”

羽仁：“哎呀，这么多啊！”

官员夫人K："我先生在XX省时，交际应酬费最多。内阁一改组，就是不断欢送会与欢迎会，还包含纪念品或赠礼的费用。一次的会费最少3或5圆，若由我们做东请吃饭时，总要花上10圆以上或20圆。总之应酬不断，一个月约有二十天左右不在家里用餐。虽不是日日缴会费，不过的确是多余的开支。"

羽仁："在现在这样紧缩的时刻，执政者说什么女人的和服奢侈浪费，说什么女人该节约家庭收支，但其实，首先该节流的是底下官员的宴席费吧。"

记者M："类似这类不必要的交际应酬，又以官员最多，不是吗？尤以地方，更是各种百态。之前去M市采访，大吃一惊，原来M市的知事赴任之际，不仅底下的课长等官员，就连他们的夫人也必须出席欢迎。而且有服装的规定，所以自己上级的夫人会打电话来指示该穿什么衣服。另外，这些夫人必须分别乘坐汽车前来。原本少有汽车的这个地方，那天仅是接课长夫人，就出动了17辆汽车，沿途人们看得目不转睛。"

果然是发展中的日本，如此"野蛮"的习惯即使战后仍残存。对话中出现的"紧缩"，指的是滨口内阁的紧缩政策，看来地方上并无遵守。

或许出席此座谈会的都是女性，杂志社方面遂将她们塑造成丈夫为保有颜面不惜胡乱应酬社交下的受害者，事实上，《妇人之友》对"妻子们"的消费行为也非常严肃地看待。

争着定做和服的高级官员之妻

昭和六年一月号的《妇人之友》，单刀直入地刊登《走向毁灭的苦恼　官员夫人的谈话》一文。看来陈述者是官员夫人，比起记事更像是记录聊天的文章，从谈话的内容中如实呈现当时驻地方的高级官员夫人之生活，让人读来觉得有趣。

> “您知道吗，我家邻居太太那件有家纹的和服？听说是去年，特地到东京染的。为了可以四季穿着，那个京染屋拿着样本不知造访她府上多少回了，她全不满意。我跟她说有熟识的染屋店，有许多东京的新货色，也遭到她的拒绝。最后她干脆去东京，染的花纹中有梅也有芒草。那个听说要价120圆啊。”
>
> “哎呀，你没有黑色的吗？在这个县啊，新年拜年时大家都穿黑的。去找家染屋店吧，今年应该很便宜，你还年轻，趁着年轻跟丈夫撒娇多买些东西吧。未染的布料就要十五六圆了。（中略）京染屋天天登门拜访土木课长先生的家，结果他太太买下的竟是像年轻小姐的和服。听说课长夫人，光是外出和服就有三十多件了。”
>
> “你看过知事大人或部长大人的来信了吧，说是紧缩，今年废除年末赠礼。你今年打算怎么办呢？这个县啊，年年中元时大家都合资送些像样的东西，像是去年，一人平均分摊四五圆，送了毛毯。但是，今年中元不是收到了信嘛，说什

么不要赠礼。这样反而造成每个人的负担啊。课里有人住在部长大人家附近，所以我听说，会计课长的太太几乎每天都过去帮忙以示好啊。”

昭和六年，不景气笼罩日本全国，当时都市不断爆发抗议活动，农村尚有数百万三餐不继的孩童。然而，这个社会就连废止虚礼也沦为有名无实，说什么“今年比较便宜（因为通货紧缩）”，而订购了相当于平均上班族月薪以上的和服。

如此的“铺张浪费”，更令人确信当时部分的高级白领阶层多么集好运于一身。因通货紧缩而物价下跌，对他们来说生活反而写意轻松，并不会因为不景气而轻易改变目前的生活方式。丈夫唤来艺妓，大摆“60 圆的宴席”以饮酒作乐，太太则千方百计购买“百圆的和服”，他们更在意的是被周遭说出手不够阔气，他人的紧迫穷困根本不算什么。

第六章

暗默支持战争

小泉癸已男的《昭和大东京百图绘》中的第八十七景“羽田国际机场”
(昭和十三年作品，摘自前述的《版画　东京百景》)

所谓的上班族，原来那般平凡且无处可取，但若不能变成上班族，也不过是变成自己不想成为的人罢了。(昭和七年三月号《改造》，相良利满《上班族就业哲学》)

来自左翼的煽动

昭和四年十二月号《改造》，刊登无产阶级文学作家青野季吉的《上班族的恐怖时代与其解放》。青野如此定义所谓的上班族阶级："在近代社会中，介于中产阶级与无产阶级两大基本阶级之间，是最初隶属中产阶级，而后渐渐往无产阶级靠拢的阶级。"他又比喻说："上班族的没落——无产阶级化急速进行中，也象征他们处于'头脑的劳工'化。"上班族阶级自我解放的唯一途径是组织工会，"除了与劳工组织结合、与其斗争力结合以外，别无他法"。青野认为，昭和四年引发的公务员反减薪抗争，令社会弥漫着同情一般上班族的氛围，逐渐蔓延之后，就是通往"末期资本主义"的阶级斗争。

不过事实上，青野所盼望的并未发生。的确高等教育机构激增，造成大学毕业生不再供小于求，就业变得困难重重，但是，大企业的白领阶层并未组织具战斗力的工会等，他们也不打算与现役劳工联手出击。其最大的原因就在于，他们的薪资并未随着通货紧缩而大幅下跌，只要不遭到裁员，这样生活下去也没什么不好。

只看向组织架构内的现实

“只要平凡度日，仍算是得天独厚的。”应该是所有上班族阶层的心声吧。

昭和六年五月十五日号的《实业之日本》以“上班族月薪大公开座谈会”为题，召集于三井、三菱、安田等一流企业任职的上班族进行座谈，与会者无不流露出自己得以顺利逃进安全地带的安心感。从发言推测应该是一位大正末期自学校毕业进入公司五六年的年轻上班族，他说：“可以在就业难之前进入公司，真是太幸运了。”与青野季吉的煽动言论，有着明显的差异性。

座谈会中，涉及本书讨论的部分，可以总结为以下内容。

首先提到的是初任职，三井集团公司的西冈先生表示：“大学刚毕业是 75 圆，但仅限帝大、商大、庆应、早稻田。商大的专门部与庆应高等部是 60 圆，中学与甲种商业是 45 圆。”看来，三井集团已经废除官立、私立学校的差别待遇。

三菱集团的西冈先生说：“现在已无学校的差别，（中略）大家都是 75 圆吧。”据说劝银过去也因学校有极大的区别，不过马场（第一劝银总裁）上任后，已趋近平等的状态。

府立中的教师骄傲地说：“高师（高等师范）毕业者，大抵初任职即有百圆左右。（中略）我（初任职时）领到 95 圆，学校毕业即能拿到月薪近百圆，让去到其他公司的朋友们非常羡慕。”

松坂屋的话，“大学毕业 65 ~ 75 圆，专门学校 55 圆，甲种商业 40 圆。商业学校毕业者，与高等小学毕业后任职四年者同薪”。

关于调薪的速度，如下：

三井是，“每年调薪，直到月薪 150 圆为止。一年平均调涨 5 ~ 13圆左右，又以七八圆居多。150 圆以上者，则是翌年调涨 15 ~ 20圆左右，其中又以 5 圆左右居多”。安田是，“书记是每年四月调薪 5 ~ 8 圆，书记补是二三圆至五六圆（战前一般职员称为书记，书记补是指新进公司一二年的试用期员工）”。三省堂是，“一般一年左右即会调涨，普通是 5 圆，优秀者甚至达 10 圆以上”。

若是大学毕业初任职的昭和二年左右，尽管月薪降了 10 圆左右，如果月薪 70 圆，五年后即达到百圆程度。府立中学的教师说：“初任职的薪资还算优渥，不过调薪率很低。”接着又补充说明：“大约三年调涨一次，每次 5 圆。除此之外，第五年有所谓的年功加薪，月薪以外可以领到一个月 10 圆的额外收入。”安田则是，“分店长或分店长代理等的高薪者，调涨 10 圆或 15 圆不等”。

至于奖金方面，三井是每年六月与十二月分发“工作津贴”，一次是两个月份的薪资，此外还有“特别津贴”。正如不久之后遭暗杀的三井合名理事长团琢磨所言：“可以拿到 60 万圆吧，换言之最高是60万圆，最低是30圆左右。不过一般来说，领的金额与工作津贴大同小异。”尤其是公司业绩高时，十人中约一至两位可以拿到“特别津贴”，业绩普通时，一年的奖金仍有将近六个月的薪资。劝银是两个半月至三个半月的薪资。安田是半年三个半月至四个月的薪资。东京市役所不同于民间企业，一年仅有两次的慰劳津贴，一次的金额是月薪的八成左右。

最后问及关于自己薪资的感想时，大家的回答是，三菱：“认真说来谁都会不满。我个人觉得只要认真工作，只要不被开除，尽管一生平平淡淡，只要生活有保障就足够了。”

松阪屋：“身为上班族，觉得真是幸运的是，只要结婚或生小孩，月薪百圆以下者无论业绩如何都能给予调薪，或是到军队再复职者，有段时间几乎每年调薪。”

府立中学：“在这个失业的时代，得以保证自己的社会地位，纵使领的是最低月薪，但也有百圆吧，真的觉得感恩。”

《上班族物语》的前田一，已于昭和三年如此描述：“雇用一个月薪必须支付80圆的人，若只考虑眼前而不管直接或间接种种的相对报酬，一年足足要耗费2000圆。而且这报酬年年增涨，不是递减，当他成了月薪一百四五十圆的职员，你就必须觉悟每年得耗掉经费七八千圆。这七八千圆的金额打哪来，你知道吗？首先必须生出10万圆的本金。想从那些安逸的腰便中，找到真正拥有10万圆价值的人，也不是困难之事。所以太过计较薪水的高低，其实也是强人所难。”

战后曾担任日经连专务理事的劳务专家如此直言，想必那套企业理论也早已深植白领阶层的骨髓。因此，座谈会出席者们无不异口同声地感恩。

如最初所见，《改造》《中央公论》等杂志媒体不断评论资本主义的矛盾，以及上班族的没落，然而传媒的言论竟与与会者的发言形成极大反差。这些左翼派的杂志拉拢的目标对象，不是座谈会里那些毕业于大学或高等师范等精英，而是上班族中的“大众”，也就是毕业于大学专门部、甲种商业或中学者，因为这些人的竞争对手就是同为上班族的精英阶层。

本书处处引用了《实业之日本》，其主要读者群是中间上班族阶层，刊载的内容路线有别于《改造》等。前述的《月薪大公开座谈会》是其中的一例，此时期还出现各种特辑，例如《仅有中学校商业学历却成为商界顶端的人物》（昭和五年四月一日）、《日薪20钱的工人如何成为大学教授》《从月薪10圆的书记做起——日本邮船社长》（同年六月十五日）、《赚钱经验谈、存钱经验谈》（昭和六年四月一日）、《今年的年终奖金预测》（同年十二月十五日），都是颇现实的专题。昭和七年以后经济复苏，更逼近现实残酷的报道越来越多，像是《要历经几年才能成为课长》或《所有职业类别学历类别升迁率调查》，堪称是这本杂志最拿手的项目，自昭和八年至十一年，每年几乎都刊载了相同旨趣的报道。如第四章所言，《实业之日本》也曾推出激烈反对学历差别待遇的特辑，不过终究得以现在社会的组织架构为前提，毕竟这个社会连左翼的左都看不到了。

内在潜藏的不满

话虽如此，他们也并非单纯地感到满足。当时的知识分子既紧咬部分的社会主义理论，他们领着还差强人意的收入，就算逃避还时有所闻农民或劳工的贫穷。政治斗争不断，他们对政党毫无歇息的贪污丑闻感到厌烦。他们虽讨厌军人仗势欺人，却不敢与其正面冲突。昭和七年十二月号的《文艺春秋》进行“现代思想调查　上班族在想些什么?”的问卷调查，尽管在第一章已略微介绍，但详细阅读财阀系上班族至公务员、法官等53位受访者之回答，不免想象当时他们究竟怀着什么样的心情或不满。

其中，当然是身为上班族的不满。昭和初期的上班族，看到因大学毕业生稀少而升迁快的明治、大正时期进入公司的前辈们，又听闻大正泡沫经济大幅调涨薪资或高额的年终奖金。虽说现况持续低迷，虽说大学、专门学校毕业生爆增而供过于求，但现在自己被摆放的位置，根本难以与那些幸运的前辈们相提并论，有的仅是惨淡。第一章提及的王子制纸藤原银次郎也说过：“上班族是不符经济效益的工作。”也是劳资双方的共识。

其中令人印象最深刻的是，毕业于东京帝大的“M物产一般职员”的不满。他三十岁，拥有妻子与一个小孩，月薪95圆，依当时的水平待遇算好。但他说：“以前，大学毕业后工作个四五年，生活就相当富裕。但如今，要找个工作，困难重重，大学毕业生的初任职薪资是七八十圆，一年不过调涨5或6圆，前途茫茫。虽说是不景气所致，有时想过得奢侈些，现在的月薪又无法满足购买的欲望，实在难以取得平衡。”换言之，他最大的不满是，同样身为帝大毕业生，自己的升迁或调薪却不如前辈。

日大毕业的地方法官，年龄三十岁，月薪 136 圆，供养家人中除了妻子外，还有自己的弟弟与妻子的弟弟，他直率地表示最大的不满是“收入太少”。

毕业于东京外语的二十九岁上班族，任职于内务省系的财团法人单位，他认为：“自己充分认知到资本主义社会制度的穷途末路，一切都充满着矛盾与荒谬。穷困潦倒的民众的不满，受到权力的限制与压抑，随着不合理现状的持续，民众渐渐失去反抗之气力，身为日本人，我为未来感到担忧。”

诸如前述的不安，有许多人也表示同样的感受。

“乘载一国之重量的中产阶级已经极度疲弊，因而引发种种问题。说得极端些，无法维持生计的人越来越多。”（任职外国商社，五十四岁，6 名家庭成员，月薪 185 圆。）

控诉对月薪不满的“M 物产一般职员”也表示：“左翼的思想运动频频，受法西斯主义影响的右翼，其思想犯罪的抬头，两极端思想相互竞争，开始策划实际作为，于是爆发三一五事件或五一五事件，在这个恐怖行动主导的时代，逼得人心惶惶，陷入极度不安，实在让人寒心不已。”

“本来觉得社会险恶到难以生存。但是舆论或媒体都宣称这是非常时期，所以也不再觉得山穷水尽。毕竟还不到真正的非常时期。因此我认为，到了那个谷底的再谷底时，就会出现思想的分裂或国论的不统一。”（明大毕业后任职制造食品公司主任，三十四岁，育有三个孩子，月薪110圆。）看来也有冷静分析的人，不过大体来说都怀抱着矛盾与不安。多数的回答对各类政党感到绝望，并认为“无值得尊敬的人”。

昭和八年三月号的《文艺春秋》刊登《现代思想调查 劳力工作者在想些什么?》，共有34人回答问卷调查。与白领阶层相通的是，对各类政党感到绝望，不过处于更糟工作环境的劳工开始期待具领导力的法西斯政党。与自以为身处财阀末端的白领阶层不同的是，蓝领阶层对政党与财阀表达出明确的憎恶感。

日薪1圆50钱，6名家庭成员的二十岁印刷工说：“现在的政党与财阀携手，让人痛恶万分。”月薪60圆，在肥料公司负责机械的工人说：“我赞同议会政治，（中略）但恨不得把现在的政党丢去喂猪吃。”在港口卸载煤炭的三十九岁工人，月薪20圆，他说：“不法当选的议员尽做些坏事。”

小资产阶级本性的卑鄙怯懦

对于极端的贫富差距或政财界的腐败，当时白领阶层的内心也痛恶欲绝。不过，多数的上班族仍保持观望。在文春杂志的问卷调查中，控诉资本主义已穷途末路的二十九岁上班族说：“为了生活，也因为小资产阶级本能上的怯懦，尽管彻底明白现代社会的不合理与矛盾，但仍无法实际参与改革运动。”他认为这才是最不满之处。

包含上班族在内的日本国民，在昭和一桁时期，亲眼见到左翼运动始终遭到彻底的压制。凡是与共产党有关，就连京大教授河上肇那般有名望的学者也被捕入狱，彻底抹杀其社会地位，又如无产阶级文学作家小林多喜二，也是遭到严刑拷问致死。昭和五年，钟纺、东洋纱布等大企业持续发生劳资争议，最后都是劳工败退。

就连宗教也不例外。昭和初年开始相继出现如今仍有声望的灵友会（昭和五年）、创价学会（同年）、立正校成会（昭和十三年）等新兴宗教，其背景也反映了社会的不安。事实上，多数的宗教团体都在警察的监视下，第一次世界大战后发展起来的大本教，被以“不敬之罪”遭到压制。创价学会的创始者之一的牧口常三郎被强押祭拜伊势神宫的神札，但因抗拒而于战时死于狱中。拥有家庭或月薪等太多不能失去的上班族，每回听到这些压制思想的新闻，想必心底是打颤的。

在那样的社会氛围下，昭和七年五月号的《中央公论》刊登了作家广津河郎的《虚无主义者的上班族》。

知识分子及上班族阶层，日日思索忧郁毫无未来可言的明日之事，也无计可施，况且就算思索也无解，倒不如什么都不想，抱着一天混过一天的态度活下去，关于这些事在此就不多赘述，这些阶层的人们心知肚明。

同事被解雇的叹息声——就算听来像是被绞断脖子的鸡鸣惨叫声，自始至终不采取对抗立场的上班族，仅能拿着那悲鸣对照自己，漠然地沉着脸，不闻不问。自己的脖子好不容易系上了幸运，尽管为自己感到羞耻，但也打从心底庆幸

> 着，摸摸脖子，去到酒吧喝杯酒忘掉现实，糊涂了良心。——这样的生存之道，或许是身为人的耻辱，但他们除此之外别无他法。
>
> 法西斯主义抬头之际，对着欢呼的又以这些阶层居多。无立场可言的他们，无论现在发生何事，他们都朝着乐观方向望去。尤其文人，自古以来执笔者总多少带点母犬性格，出现看来厉害强势的母犬，就赶紧摇尾示好。因为自己无缚鸡之力，一旦出现彻底挥舞着权力者，无不痛快地赞美。然后发现不是什么好神气的家伙，也不再摇尾示好。——对于某某的被暗杀事件，仿佛谁代替了自己去做了这事，觉得痛快。但是去到血盟团①那些勇猛的壮汉旁，又被他们的残酷吓得畏缩锁眉。

最后文章批判了当时的虚无主义，但也可以说是对读者的批判。战前，一般的人们的确认为军部或右翼的恐怖行动打开了社会闭塞状态，并对他们怀有期待。以为“法西斯主义”可以为他们“转换到乐观的方向”。战后仍持续记录松川事件等的广津，在昭和七年时就清楚明白暗默持续支持那种危险倾向的骇人后果。

经济复苏，而上班族更加保守

昭和六年后期，经济逐渐恢复。之前经济分析家不断预测

---

① 右翼团体，为实践“昭和维新”，提倡一人一杀主义，暗杀了团琢磨等地政财界人士。与之后的五一五事件等不无关联。——译者注

“日本经济会更恶化”，但那年秋天，战争打响带来的军需景气，再加上美国经济复苏等，社会氛围瞬间转变。如第三章所言，昭和七年开始“左翼派”的书籍滞销，理工系为主的毕业生逐渐脱离就业难。但是同时，对已惯于通货紧缩便宜物价的上班族，如大敌的物价攀升终于到来。

昭和八年一月的《改造》中，上班族作家的相良利满巧妙地描绘出那种奇妙的心情。

> 于是社长说道：“各位，现在的景气一如大家所知的，是通货膨胀，绝不是恢复到稳定的景气状态。世界经济依然不振。国际联盟问题、军缩问题都是世界经济复苏的恶瘤。面对即将来临的反动期，我们公司也必须拟定万全的对策。无论今日获得多少利益，都是为将来所准备的，这也是稳重的企业家应该执行的方针。”
>
> 因此，利润金必须用在应对将来的反动期与补填过去的损失，以及给予那些愿意投资者的股息配额。身为社员的各位，也就是所谓的上班族，对你们来说所谓的景气好比是云，利润金好比是高挂的彩虹，仅能抬头仰望天空，但天空也不会掉下什么到你们的手中。
>
> 最困扰的是，从公司回到家中时。“老公，经济大好啊，今年的奖金肯定很多吧，我好期待喔。”只得敷衍回答：“只想着奖金，还没拿到手，谁知道啊。”坦白说毕竟今年也落空，实在太残忍了。“老公你知道吗，物价都上涨了，实在让

人活不下去了，蔬果店也是，米店也是，若要说降价的……啊对了，只有邮局存款的利息了。”（《经济复苏——通货膨胀的威胁》）

尽管如此，经济一旦复苏，也带动了消费，出口为主的蚕丝价格也上涨，历经昭和一桁时期的辛酸，养蚕农家等为主的地方经济也基本恢复。昭和八年底皇太子明仁诞生的新闻，促使社会氛围更加热络。昭和九年初的杂志报道尽是经济景气的消息，例如东京大众食堂平均一人的消费金额明显增加，或是昭和八年的铁道省旅客货物收入比起前年增加了 900 万圆。当时，真正的战争尚还遥远。所以当战后的复兴口号是“回到昭和八年”，倒也不令人意外。而后数年，日本的经济大好，无论是煽情风俗或左翼思想逐渐淡去，上班族变得更加谨慎保守。

胜本清一郎在昭和十年的《中央公论》，如此描述上班族：

同样是 50 圆薪水阶级，若能进到大企业者，他们就不会流露出“仅月薪 50 圆”的气质，而是带着那种大企业大资本的风格，整个人散发着利落成熟的气质。他们喜欢留声机，喜欢照相机，喜欢园艺，爱妻宠溺孩子，一切品行端正。那些在银座小巷喝得烂醉的都是前途无望、成绩恶劣的私立大学生或差劲的烂公司的职员们，他们藐视着，生活必须更加规律正确，保守且识时务。（十一月号《现代薄薪上班族论谨慎保守的人们》）

待察觉时已经太迟了

战争爆发后，生活清苦的小资产阶级（是当时日本的大多数）或就业难的学生，积极认同军部的胡作非为或国家主义。不过，已经进入公司“受惠”的白领阶层反而更加沉默保守。他们直到最后仍不发一语，如同默认支持战争。

终于他们也被征召，当在西伯利亚的收容所或菲律宾的深山里，他们思索的是“我不应该变成这样”吧。他们打从心底想回到那个时候吧，学生时代在银座烂醉揍人也好，发薪日边喝酒边走到新桥的酒吧胡闹也好，在三越挑选领带也好。但是，待察觉时已经太迟了。

最后想提一下，昭和十五年九月号《主妇之友》刊登的附插图的《百圆钞事件》。故事是说，妻子在“Zamasu 洋服店”定做了一套 75 圆的西装，但店员待客态度敷衍，实在气不过，年轻夫妻决定付钱时从数张百圆钞票中利落地抽出一张，摆出阔气的模样。但手边仅有一张百圆钞，遂去向叔叔借摆阔气用的百圆钞，结果被骂“这不是非常时期吗”。拿到手后又怕弄皱了百圆钞，搞得没有钱付给行商小贩。这个故事里丝毫看不见已经持续数年的中日战争，就连一年后急转而来的第二次世界大战也毫无预兆，一切和平安详。但是，数年后故事里的丈夫恐怕也被强迫征召入伍，妻子也因空袭而亡了吧。

果然战争来了，静默地来了。

取自昭和十五年九月号《主妇之友》

画・平井房人，作・宇井无愁

结 语

本书的内容，主要是参考日本战前社会的资料情报。

关于日本战前的记录，无论是政治、军事等的信息都算小道且片面，其中的理由之一，其实是记录战前社会的多半是以大学毕业生为主的知识分子，所以内容偏向少数精英的观点。而本书所指出的，是就庶民的生活层级而言，诸如“上班族的本性”或“学历信仰”等，这些从战前直到现在依然存在的部分。至于战前的知识分子，比起这些，他们更企图传递“宏观性的”观点，然而不可否认的，也给人概念性且缺乏现实感的形象。

引发革命或战争等重大社会变动的最主要诱因，多是来自过当的收入、资产的落差、不平等。战前的日本社会内在存在的那些矛盾，战后用什么样的社会经济政策企图解决呢？富裕后的战后日本为何民族主义急速地退潮呢？泡沫经济崩解后长期的不景气又为何造成民族主义逐渐强化呢？

部分的研究者，已经开始提出战前日本的所得落差、民族主义。希望未来，关于这方面的讨论更热络活跃。

2002 年起，我有一年多的时间在日本国内工作，当时利用工作空档或假日前往国会图书馆等地搜集资料，才得以书写完本书。而后调职转往中国，原本出版无望的原稿终于得出版成册，实因讲谈社现代新书出版部的阿佐信一先生的帮忙，在此深表感谢。另外，也再次感谢告知战前生活种种的诸位朋友、家人。尤其是共同通信的冈田充编辑委员，在我书写本书期间，给予许多宝贵意见。

岩瀬彰

2006 年 8 月

附　表

公历（年）	和历
1912	大正元年
1913	大正二年
1914	大正三年
1915	大正四年
1916	大正五年
1917	大正六年
1918	大正七年
1919	大正八年
1920	大正九年
1921	大正十年
1922	大正十一年
1923	大正十二年
1924	大正十三年
1925	大正十四年
1926	大正十五年/昭和元年
1927	昭和二年
1928	昭和三年
1929	昭和四年
1930	昭和五年
1931	昭和六年
1932	昭和七年
1933	昭和八年

公历（年）	和历
1934	昭和九年
1935	昭和十年
1936	昭和十一年
1937	昭和十二年
1938	昭和十三年
1939	昭和十四年
1940	昭和十五年
1941	昭和十六年
1942	昭和十七年
1943	昭和十八年
1944	昭和十九年
1945	昭和二十年
1946	昭和二十一年
1947	昭和二十二年
1948	昭和二十三年
1949	昭和二十四年
1950	昭和二十五年
1951	昭和二十六年
1952	昭和二十七年
1953	昭和二十八年
1954	昭和二十九年
1955	昭和三十年

参考书目

通论

伊藤隆监修・百濑孝，《事典昭和战前期の日本　制度と实态》，吉川弘文馆，1990

矢野恒太记念会编，《数字てみゐ日本の100 年　改订第四版》，国势社，2000

总合研究开发机构，《生活水平の历史的推移》，总合研究开发机构，1985

南博+社会心理研究所，《昭和文化　1925—1945》，劲草书房，1987

朝日ジヤ一ナル编，《昭和史の瞬间（上下)》，朝日新闻社，1966

中岛健蔵监修，《ドキュメント昭和世相史　战前篇》，平凡社，1975

《复录版 昭和大杂志战前篇》，流动出版，1978

原田胜正，《昭和世相史》，小学馆，1989

山崎正和，《日本文化と个人主义》，中央公论社，1990

文艺春秋编，《“文艺春秋”にみゐ昭和史》，文春文库，1995

北冈伸一，《日本の近代 5 政党から军部へ》，中央公论新社，1999

ァィランズ编，《东京の戦前昔恋しぃ散步地図》，草思社，2004

东京百年史编集委员会编，《东京百年史（全六卷）》，东京都，1972—1973

井上寺一，《教养としての「昭和史」集中讲义》，SB 新书，2016

物价、经济

周刊朝日编，《值段の明治大正昭和风俗史》，朝日新闻社，1981

岩崎尔郎，《物価の世相 100 年》，读売新闻社，1981

玉川一郎，《たべもの世相史・东京》，每日新闻社，1976

中村隆英编，《家计簿からみた近代日本生活史》，东京大学出版会，1993

中村隆英，《昭和経済史》，岩波书店，1986

桥本寺朗，《近代日本经济史》，岩波书店，2000

山田正吾，《家电今昔物语》，三省堂，1983

有竹修二，《昭和经济侧面史》，河出书房，1952

阿达义雄，《昭和货币物価史》，东洋馆出版社，1975

高桥亀吉、森垣淑，《昭和金融恐慌史》，讲谈社学文库，1993

猎濑直树，《土地の神话》，小学馆，1988

NHK 取材班编，《日本の选択 3 野望　フォードの野望を砕ぃた军产体制》，角川文库，1995

佐藤滋ほか，《同润会のァパートメントとその时代》，鹿岛出版会，1998

风俗

山本夏彦，《「战前」とぃぅ时代》，文艺春秋，1987

山本夏彦，《谁か「戦前」を知らないか——夏彦迷惑问答》，文春新书，1999

山本七平，《昭和东京ものがたり2》，读売新闻社，1990

永井荷风，《新版断肠亭日乗（全七卷）》，岩波书店（新版），2001—2002

半藤一利，《永井荷风の昭和》，文春文库，2000

吉野俊彦，《「断肠亭」の经济学——荷风文学の收支决算》，NHK 出版，1999

草柳大藏，《昭和天皇と秋刀鱼》，中公文库，1999

加藤秀俊，《暮らしの世相史》，中公新书，2002

キャサリン・サンソム，《东京に暮す——1928—1936》，波文库，1994

菊谷匡祐，《早庆戦の百年》，集英社新书，2003

上班族、薪资

小池四郎，《俸给生活者论》，青云阁书房，1929

谷沢永一、渡部升一，《谁が国贼か今、「エリートの罪」を裁くとき》，文春文库，2000

前田一，《サリーマン物语》，东洋经济出版部，1928

秦丰吉，《三菱物语》，要书房，1952

江户英雄，《私の三井昭和史》，东洋经济新报社，1986

大槻文平，《私の三菱昭和史》，东洋经济新报社，1987

津田久，《私の住友昭和史》，东洋经济新报社，1988

橘木俊诏，《21 世纪日本の格差》，岩波新书，1998

秦郁彦，《日本官僚制総合事典 1868—2000》，东京大学出版会，2001

藤本武，《最低赁金制》，岩波新书，1967

教育、宗教

竹内洋，《日本の近代 12 学历贵族の栄光と挫折》，中央公论新社，1999

竹西宽子编，《野上弥生子随笔集》，岩波文库，1995

奥野信太郎编，《三田にひらめく三色旗庆应义塾 90 年》，鳟书房，1995

铃木理惠子訳，《ジョン・モリスの戦中ニッポン滞在记》，小学馆，1997

由木义文，《宗教学序说》，朝仓书店，1995

上流社会的生活

谷崎润一郎，《细雪》，新潮文库，1997

横光利一，《家族会议》，新潮文库，1974

野上弥生子，《迷路》，岩波文库，1984

浅见雅男，《公爵家の娘岩仓靖子とある时代》，中公文库，2000

平民的生活

草间八十雄，《女给と売笑妇》，汎人社，1930

草间八十雄，《灯の女闇の女》，玄林社，1937

山下肇、加太こうじ，《ふたりの昭和史》，文艺春秋新社，1964

向田邦子，《め・うん》，文春文库，2003

井伏鳟二,《荻洼风土记》,新潮文库,1987

内田百闲,《百鬼随笔》,新潮文库,2002

纪田顺一郎,《东京の下层社会》,ちくま学芸文库,2000

秋山正美,《少女たちの昭和史》,新潮社,1992

村上信彦,《大正期の职业妇人》,ドメス出版,1983

石角春之助,《银座秘录》,东华书庄

石角春之助,《浅草経済学》,文人社,1933

梅津和郎,《成金时代》,教育社,1978

永井荷风,《雨潇潇・雪解他七篇》,岩波文库,1987

军队

山本七平,《私の中の日本军》,文春文库,1983

户井昌造,《戦争案内ぼくは20岁だつた》,平凡社ライブラリー,1999

田中隆吉,《日本军阀暗闘史》,中公文库,1988

濑岛龙三回想录,《几山河》,产经新闻ニュースサービス,1995

山田清吉,《武汉兵站》,图书出版社,1978

大浜彻也他编,《帝国陆海军事典》,同成社,1984

加藤阳子,《征兵制と近代日本一九六八—一九四五》,吉川弘文馆,1996